Friederike Wilhelmi

Wo kommt die SCHOKOLADE her?

Spannende Fragen & verblüffende Antworten

Illustrationen von Rolf Vogt

arsEdition

Bibliografische Information Der Deutschen Bibliothek

Die Deutsche Bibliothek verzeichnet diese Publikation in der
Deutschen Nationalbibliografie; detaillierte bibliografische
Daten sind im Internet über http://dnb.ddb.de abrufbar.

5 4 3 2 1   11 10 09 08

© 2008 arsEdition GmbH, München
ISBN 978-3-7607-2991-6
Printed by Tien Wah Press
www.arsedition.de

Inhalt

Was war die erste Comic-Figur?

a) In einer Grabkammer der Cheopspyramide fand man neben der Mumie eines ägyptischen Prinzen den ersten Comic der Welt. Auf einer Papyrusrolle ist die Lebensgeschichte des Prinzen in Bildern dargestellt. Und auf einer Zeichnung wird er von seiner Mutter geschimpft – mittels einer Sprechblase! Daher wird dieser Fund als erster Comic gehandelt.

b) 1896 erschien zum ersten Mal regelmäßig eine kurze Comic-Geschichte in einer amerikanischen Zeitung. Ihr Hauptdarsteller »Yellow Kid« (»Gelbes Kind«) wurde berühmt und Spezialisten bezeichnen ihn als den ersten Comic-Helden der Welt.

c) Wer annimmt, Comics stammen aus den USA, täuscht sich. 1855 versuchte ein französischer Lehrer seinen Schülern mit Comic-Geschichten den Lateinunterricht schmackhaft zu machen. Auf diese Weise entstand das erste Asterix-Heft. Erst hundert Jahre später haben die Asterix-Geschichten die ganze Welt erobert.

Richtig ist Antwort b)

Bilder, die Geschichten erzählen, sind so alt wie die Menschheit. In den Höhlen der Steinzeitmenschen findet man gemalte Jagdszenen, bei den alten Römern wurden ganze Schlachten in Stein gemeißelt.

Es gibt sogar Vorläufer der Sprechblase: Auf manchen Darstellungen legte man Heiligen mit sogenannten »Mundfahnen« Worte in den Mund.

Comic-Spezialisten halten allerdings die amerikanische Figur »Yellow Kid«, auf Deutsch »Gelbes Kind«, für den ersten richtigen »Comic Strip«. Das ist englisch und bedeutet »komischer Streifen«.

R. F. Outcaults zeichnete die lustigen Erlebnisse des kleinen, glatzköpfigen Jungen im gelben Nachthemd für eine amerikanische Zeitung. Sie erschienen ab 1896 regelmäßig viele Jahre lang.

Besonders erfreut über diese Bildergeschichten mit den Sprechblasen waren die Einwanderer, die nicht gut Englisch sprachen. Denn sie konnten den Comic leicht verstehen. »Yellow Kid« wurde ein Riesenerfolg, nur zwischen den Herausgebern entbrannte leider ein erbitterter Streit um die Urheberrechte.

Wie viele Sprachen gibt es auf der Welt?

a) Es gibt schätzungsweise 4000 bis 6000 Sprachen auf der Welt. Genauere Angaben gibt es leider nicht, da noch heute in abgelegenen Gebieten neue Sprachen entdeckt werden.

b) Amerikanische Sprachwissenschaftler machten sich von 1987 bis 1990 auf den Weg durch die ganze Welt, um alle Sprachen zu erfassen und zu dokumentieren. Sie zählten exakt 1394.

c) In Afrika, Amerika und Australien wurden 1961 die sogenannten »little languages« (auf Deutsch: »kleine Sprachen«), also die, die nur von wenigen Menschen gesprochen wurden, gesetzlich verboten. Seitdem gibt es offiziell nur noch 34 Sprachen auf der Welt.

Richtig ist Antwort a)

Sprachforscher gehen davon aus, dass es auf der Erde zwischen 4000 und 6000 verschiedene Sprachen gibt. Das ist natürlich nur eine Schätzung, denn es sind längst nicht alle bekannt und noch heutzutage werden immer wieder neue entdeckt. Vor allem in abgelegenen Gebieten der Erde, in die man schwer gelangt, wie zum Beispiel in den tropischen Regenwäldern.

Viele Menschen wünschen sich, dass es auf der ganzen Welt nur eine einzige Sprache gibt, denn dann könnten sie weltweit problemloser miteinander kommunizieren. Sprache bedeutet aber auch Kultur. Wenn ein Volk also seine Sprache vollkommen aufgeben würde, gäbe es auch einen großen Teil seiner eigenen Identität auf. Daher ist beides wichtig: das Erlernen anderer Sprachen, die weitverbreitet sind, wie zum Beispiel Englisch, und das Pflegen der eigenen Sprache und damit der eigenen Kultur.

Ist Freitag, der 13. wirklich ein Pechtag?

a) Ja, es ist statistisch nachgewiesen, dass an einem Freitag, den 13. wesentlich mehr Unglücksfälle passieren als an allen anderen Tagen, manchmal sogar doppelt so viele! Wissenschaftler stehen noch heute diesbezüglich vor einem Rätsel.

b) Nein, das ist alles Abergaube, es passieren nicht mehr und nicht weniger Unglücke als an anderen Tagen. Freitag, der 13. wird allerdings schon immer für einen Unglückstag gehalten, weil an einem Freitag (Karfreitag) Christus gekreuzigt wurde und die Zahl 12 die Zahl der »Ordnung« ist. Die 13 folgt auf die 12 und zerstört sozusagen die Ordnung.

c) Es ist bewiesen, dass immer am Freitag, den 13. die Venus der Erde näher steht als an allen anderen Tagen. Für besonders venusempfindliche Menschen bedeutet dies, dass sie in dieser Nacht oft schlafwandeln und ihr Kreislauf morgens nicht in Gang kommt. Unkonzentriertheit ist die Folge und das führt bekanntlich zu Unfällen.

Richtig ist Antwort b)

An einem Freitag, den 13. solltest du am besten das Haus nicht verlassen. Du könntest dir gleich auf der Treppe ein Bein brechen oder mit dem Fahrrad stürzen! So denken zumindest einige. Aber das ist alles Aberglaube! An einem Freitag, den 13. geschehen nicht mehr und nicht weniger Unglücksfälle als an allen anderen Tagen auch. Trotzdem hält sich hartnäckig der Glaube, dass dieser Tag Pech bringen könnte.

An einem Freitag wurde der Überlieferung nach Christus gekreuzigt. Danach galten am Freitag geborene Kinder als Unglückskinder. Wenn ein Jahr mit einem Freitag begann, wurde es als Unglücksjahr bezeichnet.

Und der Zahl 13 war nicht zu trauen, weil sie auf die 12 folgt – und die steht für Ordnung. Jesus hatte zum Beispiel 12 Apostel, ein Jahr hat 12 Monate, Tag und Nacht haben je 12 Stunden. Die 13 wird daher als das »Dutzend des Teufels« bezeichnet (1 Dutzend = 12).

Sie kann nur Chaos und eben Unglück bedeuten.

Der Aberglaube ist so weit verbreitet, dass manche Hotels keine Zimmer mit der Nummer 13 haben oder Fluggesellschaften auf die 13. Sitzreihe verzichten.

Warum bringt der Hase die Ostereier?

a) Im Theaterstück »Faust« von Johann Wolfgang von Goethe macht die Hauptfigur einen ausgiebigen Osterspaziergang und glaubt, zwei Hasen zu beobachten, die Eier legen und diese anschließend in kleine Nester verstauen. Diese Geschichte gefiel den Deutschen so gut, dass sie sie in ihren Osterbrauch übernahmen.

b) Der Eier legende Hase stammt aus der griechischen Mythologie: Zeus, der König der Götter, soll aus Eifersucht seine Gattin in eine Häsin verwandelt haben. Aus Rache gebar sie ihm keinen Sohn, sondern ein Hühnerei. Daraus schlüpfte Apollon, der schöne Gott des Lichts und der Jugend. Seither ehrt man den Osterhasen.

c) Der Hase ist ein sehr fortpflanzungsfreudiges Tier. Daher wurde er in der Zeit vor dem Christentum schon auf Frühlingsfesten geehrt. Der Mythos, dass er auch noch Eier legt, entstand wahrscheinlich, weil die Hasen bei ihrem Balzverhalten im Frühling derartigen Wirbel machen, dass sie brütende Vögel verscheuchen. Die zurückgebliebenen Eier wurden kurzerhand den Hasen zugeschrieben.

Richtig ist Antwort c)

Das Osterfest wird jedes Jahr an dem Wochenende nach dem ersten Frühlingsvollmond gefeiert. Vor dem Christentum feierten die Menschen zu diesem Zeitpunkt ein Fest zu Ehren der Fruchtbarkeitsgöttin Ostara. Und da der Hase ein fortpflanzungsfreudiges Tier ist, wurde er ihr als heiliges Tier zur Seite gestellt.

Seit dem 2. Jahrhundert verwandelte sich dieses heidnische Fest in das christliche Osterfest. Der Hase trat mit diesem Wandel zunächst in den Hintergrund. An seine Stelle rückten die Eier. Auch sie standen für Fruchtbarkeit und Leben. Und weil sie eine so große Bedeutung hatten, durften es keine gewöhnlichen Hühnereier sein. Sie wurden bunt angemalt und in unterschiedlichen Regionen von verschiedenen Tieren gebracht: dem Fuchs, dem Hahn oder dem Storch. Doch der Hase eroberte sich seinen Platz zurück. Dazu gibt es folgende Theorie:

Jedes Jahr im Frühling kämpfen die männlichen Hasen um ihre Weibchen. Bei dem Spektakel vertreiben sie brütende Vögel wie Kiebitze und Wachteln. Und die zurückbleibenden Vogeleier sind farbig. So könnte der Mythos vom Hasen, der bunte Ostereier bringt, entstanden sein.

Wann wurde das erste Fahrrad gebaut?

a) Als der deutsche Forstmeister Carl von Drais 1817 zum ersten Mal seine selbst konstruierte zweirädrige Laufhilfe ausprobierte, wurde er ausgelacht. Seine Zuschauer konnten nicht ahnen, dass sie das erste Exemplar einer Jahrhunderterfindung sahen.

b) Von der Erfindung des Rades dauerte es nicht lange bis zur Entwicklung des ersten Fahrrades. Bei Ausgrabungen der vor etwa 2000 Jahren von Lavamasse verschütteten Stadt Pompeji fanden Archäologen das bisher älteste, allerdings etwas unhandliche Urfahrrad. Die Räder sind aus massiven Eichenscheiben, der Rahmen aus Marmor.

c) Es ist bekannt, dass die Römer im gallischen Krieg mit Elefanten die Alpen überquerten. Kaum jemand weiß allerdings, dass die Tiere hauptsächlich Fahrräder transportierten. Und die dienten den römischen Kriegern dazu, die Feinde zu überraschen und zu überrumpeln.

Richtig ist Antwort a)

Jahrelang tüftelte Carl von Drais an einem Fahrzeug, mit dem sich Menschen aus eigener Kraft fortbewegen konnten. Als Erstes entwickelte er ein Gestell mit vier Rädern, das auf den unebenen Wegen aber kaum zu benutzen war. Vor 200 Jahren waren die meisten Straßen nämlich noch nicht gepflastert und durch die schweren Ochsenfuhrwerke und Pferdekutschen stark zerfurcht.

Doch genau in diesen Furchen lag die Lösung! Ein hölzerner Rahmen mit zwei Rädern hintereinander, das vordere mit einer beweglichen Gabel zum Lenken, ein Sattel und eine Bremse – der findige Forstmeister hatte im Jahr 1817 das erste Laufrad der Geschichte gebaut. Mit dieser Laufhilfe konnte man gut in einer Spur fahren und wurde immerhin viermal so schnell wie ein Fußgänger.

Dieses Urmodell des Fahrrads wurde nach seinem Erfinder »Draisine« oder auch »Schnellfüßler« genannt.

Heutzutage kann man oft Miniatur-Draisinen auf unseren Straßen sehen. Die kleinen Holzfahrräder ohne Pedale sind als Fahrzeuge für Kleinkinder groß in Mode.

Wer erfand die Schultüte?

a) Schon seit Jahrtausenden bekamen Kinder Leckereien, wenn große Veränderungen anstanden. Wenn ein Geschwisterchen zur Welt kam, erhielten die Großen eine Art Trosttüte mit Süßigkeiten, weil die Eltern sich ab dann weniger um sie kümmern konnten. Die Tüte hatte die Form eines Storchenschnabels, denn der Storch brachte der Legende nach die Babys. Aus der Trosttüte ist schließlich die Schultüte geworden.

b) Schultüten gab es schon im antiken Griechenland. Damals beschenkte man die Kinder zum alljährlichen Sportfest. Den Kindern wurde erzählt, dass für sie eine Tüte aus dem Boden wachsen würde, sobald sie groß genug fürs Sportfest waren.

c) Die Schultütentradition stammt aus Indien. Dort bekommen die Kinder ihre Tüten allerdings nicht zur Einschulung, sondern sobald sie im Hinduismus (das ist die Religion der meisten Inder) eine höhere Stufe erreicht haben. Die Christen haben diese Tradition übernommen und schenken die Tüten ihren Kindern zur Einschulung.

Schon aus der Antike ist bekannt, dass Kinder in Zeiten großer Veränderung mit Süßigkeiten und Obst beschenkt wurden.

Die Schultütentradition stammt aus Deutschland. Mitte des 19. Jahrhunderts bekamen Kinder in Thüringen und Sachsen bei ihrer Einschulung zum ersten Mal eine Schultüte. Dabei wurde ihnen erzählt, dass in dem Haus des Lehrers ein Schultütenbaum stünde, an dem die Tüten wachsen würden. Und wenn sie »reif« seien, würden sie gepflückt und an die Kinder verteilt, die groß genug für die Schule seien. Schnell verbreitete sich der Brauch in ganz Deutschland.

Und die Form der Tüte ist auch nicht zufällig. In manchen deutschen Gegenden gab es die Tradition, größeren Kindern Tüten voller Süßigkeiten zu schenken, sobald in der Familie Nachwuchs gekommen war. Es sollte ein Trost dafür sein, dass die Eltern jetzt weniger Zeit hatten. Die Tüten hatten die Form der heutigen Schultüten, denn sie erinnern an einen Storchenschnabel und der Legende nach bringt der Storch die Babys. Aus dieser Trosttüte ist im Laufe der Zeit dann die Schultüte geworden.

Was passiert in der Walpurgisnacht?

a) Der Name »Walpurgis« kommt aus dem Finnischen und heißt auf Deutsch: »Waldpfad«. In der letzten Aprilnacht haben die Finnen schon immer traditionsgemäß die neuen Waldpfade angelegt, die sie für den nahenden Sommer für die Versorgung ihrer Gemeinden brauchten.

b) In der Nacht vom 30. April auf den 1. Mai hat man schon vor Christi Geburt in manchen Gegenden mit einem großen Freudenfest den Sommer begrüßt. Die Kirche behauptete, dass bei diesen Festen Teufel und Hexen im Spiel wären und verbot sie. Heute gibt es wieder einige Walpurgisnacht-Festivitäten.

c) Walpurgis hieß die römische Göttin der Liebe. Ihr wurde die Nacht vom 30. April auf den 1. Mai gewidmet. In dieser Nacht galt es, sich zu lieben und Kinder zu zeugen. Noch heute ist die Geburtenrate vielerorts neun Monate nach der Nacht zum 1. Mai um 30 % höher als in allen anderen Monaten.

Die Nacht vom 30. April auf den 1. Mai gehört angeblich den Hexen. Das war aber nicht immer so.

Ursprünglich wurden in dieser Nacht Feste gefeiert, um den Frühling zu begrüßen. Vor allem auf dem größten Berg im Harzgebirge, dem »Brocken«, zündeten die Menschen ein großes Feuer an und tanzten singend um die Flamme.

Es wird angenommen, dass viele Menschen an diesen Abenden damals Rauschmittel in Form von Kräutern und Säften zu sich genommen haben. Daher kamen vermutlich die Erlebnisberichte von wilden Orgien zustande.

Als sich das Christentum im Harz immer mehr verbreitete, wurden die Feste verboten. Die Kirche streute das Gerücht, dass in der Nacht zum 1. Mai die Hexen ausflogen, um sich auf dem sogenannten Blocksberg zu versammeln und auf die Ankunft des Teufels zu warten.

Mittlerweile wird wieder jedes Jahr in vielen Harzgemeinden die Walpurgisnacht veranstaltet, allerdings weiß man mittlerweile, dass es sich um ein Volksvergnügen und nicht um Hexerei handelt.

Übrigens: Der 1. Mai ist der heiligen Walburga, der Schutzpatronin der Bäuerinnen und Mägde, geweiht – daher der Name Walpurgisnacht.

Warum »haut man jemanden übers Ohr«?

a) Wer »jemanden übers Ohr haut«, ist ein Betrüger. Im Fechtsport gibt es eine Technik, bei der man seinem Gegner blitzartig einen Hieb übers Ohr versetzt. Mit diesem unerwarteten Angriff wird der Gegner geschickt überrumpelt. Daraus entwickelte sich die Redensart.

b) Im Mittelalter bohrte man Schwerhörigen zusätzliche Löcher in die Nähe der Ohren, in der Hoffnung, so ihre Hörfähigkeit zu verbessern. Diese makabre Praxis ist Ursprung der Redensart. »Jemanden übers Ohr hauen« sagt man heute zu Menschen, die nichts verstehen, allerdings auch im übertragenen Sinne.

c) »Jemanden übers Ohr hauen« bedeutet, ihn zu ehren. Der Ursprung dieser Redewendung kommt aus Japan. Dort ist es heute noch üblich, verdienstvollen Menschen zeremoniell mit dem Schwert über die Ohren an den Kopf zu stoßen. In Europa hat man diese Menschen vergleichsweise »zu Rittern geschlagen«.

Richtig ist Antwort a)

Wer jemanden »übers Ohr gehauen« hat, hat nicht direkt zugeschlagen, sondern ist im übertragenen Sinne ein trickreicher Betrüger.

Die Redensart kommt ursprünglich aus der Fechtsprache. Und zwar gibt es folgende Hiebtechnik: Du weichst dem Angreifer aus, tust also so, als würdest du dich voll und ganz darauf konzentrieren, den Angriffen aus dem Weg zu gehen. Doch plötzlich greifst du aus dem Hinterhalt an, indem du dem Angreifer blitzartig einen Schlag übers Ohr versetzt. Dieser gut platzierte Hieb hat schon so manchem Fechtsportler zum Sieg verholfen. Das Gemeine daran ist, dass du den Gegner durch diese unerwartete Wendung von Rückzug auf Angriff total überrumpelst. So ist es auch zu erklären, dass diese zunächst rein sportlich gemeinte Redewendung im Laufe der Zeit die Bedeutung des Betrügens bekommen hat.

Woher kommen die Farben der deutschen Flagge?

a) Kaiser Wilhelm II. hatte drei Kinder. Schwarz war die Lieblingsfarbe des ältesten Sohnes, Rot die der Tochter und Gold die des jüngsten Sohnes. Also bestimmte der Kaiser diese drei Farben zu den Farben der deutschen Flagge.

b) Im Befreiungskampf der Deutschen gegen die Franzosen Anfang des 19. Jahrhunderts trug eine besonders aktive Truppe eine schwarze Uniform mit roten Aufschlägen und goldenen Knöpfen. Das war die Geburtsstunde der drei deutschen Farben, aus denen sich die deutsche Fahne entwickelte.

c) Johann Wolfgang von Goethe war nicht nur ein berühmter Schriftsteller, sondern auch Politiker und Forscher. Unter anderem machte er große Entdeckungen in der Farbenlehre. So erkannte er zum Beispiel, dass die Zusammenstellung Schwarz-Rot-Gold sehr schmeichelnd für die Augennetzhaut ist, und setzte daher diese Farben als deutsche Flaggenfarben bei der Politik durch.

Als die Franzosen unter Napoleon Anfang des 19. Jahrhunderts Deutschland einnahmen, wehrten sich viele Deutsche gegen die französischen Eindringlinge.

Es gab eine Truppe, die einen ganz besonders hartnäckigen Befreiungskampf führte: Sie hieß die »Schwarze Schar« und wurde von Adolf von Lützow angeführt. Die Mitglieder beschlossen, sich eine einheitliche Kleidung  zuzulegen. Heraus kam eine schwarze Uniform mit roten Samtaufschlägen und goldenen Knöpfen.

Am 17. Juni 1813 geriet diese Truppe in der Nähe von Leipzig in einen Hinterhalt und wurde aufgelöst. Doch später taten sich wieder sieben Soldaten der ehemals »Schwarzen Schar« zusammen und gründeten

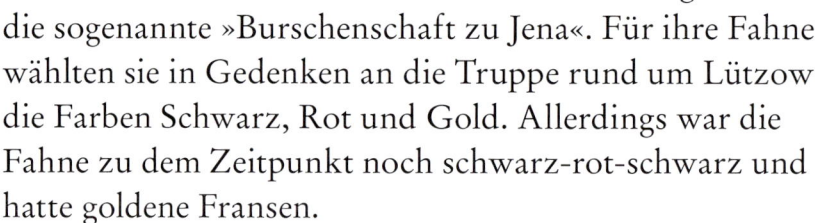

die sogenannte »Burschenschaft zu Jena«. Für ihre Fahne wählten sie in Gedenken an die Truppe rund um Lützow die Farben Schwarz, Rot und Gold. Allerdings war die Fahne zu dem Zeitpunkt noch schwarz-rot-schwarz und hatte goldene Fransen.

1848 schließlich wurden Schwarz, Rot und Gold im Gesetz als die drei Farben für die deutsche Flagge festgelegt.

Warum gibt es die Sommer- und die Winterzeit?

a) Die Autoindustrie hat sich 1980 in ganz Europa für die Zeitverschiebung im Sommer eingesetzt. Denn durch die gewonnene Stunde am Abend können Autoliebhaber noch bei Tageslicht längere Ausflüge unternehmen. Trotz Protesten von Umweltschutzverbänden konnte sich die Autolobby durchsetzen.

b) Auf diese Frage wurde noch keine befriedigende Antwort gefunden. Den neuesten Theorien zufolge bezweckt die Zeitverschiebung eine Art Familienzusammenführung, denn die Menschen haben im Winter mehr Zeit für sich und ihre Familien.

c) Die Sommerzeit wurde in Deutschland 1980 eingeführt. Der Grund: Wenn der Tag im Sommer früher beginnt, das Tageslicht am Abend länger ausgenutzt und damit eine Menge Energie gespart werden. Damals drehten die Ölländer aus politischen Gründen die Hähne zu und man war gezwungen, Energie-Sparprogramme durchzuziehen.

Richtig ist Antwort c)

Jedes Jahr am letzten Sonntag im März musst du deine Uhr nachts um eine Stunde vorstellen. Das ist ganz schön fies, denn es wird dir eine Stunde einfach weggenommen! Die bekommst du allerdings am letzten Sonntag im Oktober wieder zurück.

In Deutschland gibt es seit 1980 die Zeitumstellung. Zu dieser Zeit gab es eine sogenannte Ölkrise. Die arabischen Staaten haben Deutschland damals aus politischen Gründen weniger Öl geliefert. Mit der Zeitumstellung wollte man Energie, also Öl, Strom und Gas sparen. Wenn der Tag nämlich früher beginnt, kann das Tageslicht länger genutzt werden. Denn im Sommer wird es früher hell und auf diese Weise wird Energie für Licht gespart.

Ob die Zeitumstellung aber wirklich beim Energiesparen hilft, ist sehr umstritten. Manche glauben nämlich, dass der Energieverbrauch seit Einführung der Sommerzeit sogar gestiegen sei! Sie sagen zum Beispiel, dass es im April morgens noch ziemlich kalt ist, sodass viele Menschen die Heizung aufdrehen und dadurch mehr Energie verbrauchen als früher.

Wie wurde die Bluejeans erfunden?

a) Ein kleiner, 6-jähriger Junge zerschnitt aus Übermut den blauen Vorhangstoff seiner Mutter. Daraus nähte sie ihm eine Hose. Die war so steif, dass die Mutter dachte, ihm damit eine Strafe aufzubrummen. Doch nach einmaligem Tragen wurde der Stoff weich und die Hose ein Hit.

b) Die Indianer mussten während der Büffeljagd oft tagelang durch die Prärie reiten. Ihre Stoffhosen waren durch den Sattel schnell durchgescheuert. Jean Blue, Häuptling der Blauwolf-Indianer, kam auf die Idee, einen stärkeren Stoff zu verwenden. Er soll damals gesagt haben: »Blau muss er sein, damit jeder weiß, woher der Stoff kommt.« Und blau ist die Bluejeans noch heute!

c) Die Goldsucher in Amerika brauchten strapazierfähige Hosen, die ihrem rauen Alltag standhalten konnten. Kurz entschlossen nähte Löb Strauss, ein Verkäufer, der die Goldsucher mit allerlei Nützlichem versorgte, aus einem blauen Zeltstoff die erste Jeans. Geschäftstüchtig, wie er war, wusste er sofort, dass er damit eine geniale Erfindung gemacht hatte.

Richtig ist Antwort c)

Angefangen hat alles 1848, als der 18-jährige Löb Strauss von Deutschland nach Amerika auswanderte. Amerika war damals im Goldrausch und die Möglichkeit, schnelles Geld zu machen, trieb Tausende in die Goldgräbercamps. So auch Löb, der sich in Amerika Levi nannte.

Er schürfte jedoch kein Gold, sondern verkaufte den Goldgräbern allerlei Krimskrams, wie Seife, Lebensmittel und Schnürsenkel. Aber damit verdiente er nicht viel.

Auf der Suche nach einer neuen Geschäftsidee fiel Levi auf, dass die Goldsucher häufig über ihre Hosen klagten. Sie seien für die harten Bedingungen ihres Alltags nicht strapazierfähig genug. Dauernd waren die Hosen zerrissen und durchlöchert. Levi reagierte sofort: Aus einem blauen Segeltuch, das er eigentlich als Zelt- oder Wagenplane verkaufen wollte, ließ er Hosen nähen. Damit begann der Siegeszug der Bluejeans! Endlich hatten die Goldgräber Kleidung, die ihrer Arbeit in der Wildnis standhielt. Und Levi hatte damit seine eigene Goldgrube gefunden. Die Hosen machten ihn nämlich steinreich.

Jacob Davis, einer der vielen Schneider, die Levis' Hosen anfertigten, machte ungefähr 20 Jahre später eine weitere Erfindung. Er brachte an den Taschen Nieten zur Verstärkung an, so konnten sie nicht mehr ausreißen.

Davis hatte kein Geld, um sich die Idee patentieren zu lassen. Doch Levi erkannte ihre Genialität und meldete sie als Patent an. Das war am 20. Mai 1873, dieser Tag gilt als Geburtsstunde der originalen Levi's-Jeans.

Warum fährt man in den meisten Ländern rechts und in manchen links?

a) Früher, als noch Kutschen und Pferde die Straßen füllten, gab es überall auf der Welt nur Rechtsverkehr. Doch die Engländer wechselten mit der Erfindung des Autos auf die linke Straßenseite. Und zwar aus Protest! Zu diesem Zeitpunkt waren sie nämlich gar nicht gut auf die anderen Länder zu sprechen.

b) England ist das einzige Land auf der Welt mit Linksverkehr. Der Grund ist ein ganz einfacher: Queen Mum (also die Mutter der heutigen Königin) war Linkshänderin!

c) Früher gab es überall Linksverkehr, denn wenn ein Reiter auf der linken Straßenseite ritt, konnte er besser mit der rechten Hand auf Angreifer reagieren. Der Rechtsverkehr setzte sich in vielen Ländern durch, weil in der Schiff-Fahrt überall Rechtsverkehr herrschte. Und zwar weil Rechtshänder beim Ausweichmanöver viel besser nach rechts rudern konnten.

Den Linksverkehr gibt es schon viel länger als den Rechtsverkehr. Er kommt aus der Zeit, als die Menschen noch zu Pferde unterwegs waren. Die Ritter im Mittelalter zum Beispiel ritten auf der linken Straßenseite, um in ihrer rechten Hand ein Schwert oder eine Lanze zur Verteidigung parat zu haben.

Der Rechtsverkehr kam auf, als die Schiff-Fahrt immer stärker zunahm. Wenn sich zwei Paddler begegnen, ist es sinnvoll, nach rechts auszuweichen, weil im rechten Arm bei den meisten viel mehr Kraft steckt. Daher herrscht auf allen Wasserstraßen der Welt Rechtsverkehr.

In Ländern mit viel Schiff-Fahrt wie Deutschland und Frankreich setzte sich daher auch auf den Straßen der Rechtsverkehr durch.

Dagegen wird unter anderem in Großbritannien, Irland, Australien sowie in fast allen Ländern Ostasiens (z. B. Japan) links gefahren.

Was feiern wir am Valentinstag?

a) Valentin war im 18. Jahrhundert Kaiser von Holland. Er war berühmt für sein friedliches Naturell. Als ihm Kaiser Pedro von Spanien am 14. Februar 1781 den Krieg erklärte, schenkte Valentin ihm einen Blumenstrauß. Der Spanier war so verblüfft, dass es nicht zum Krieg kam. Seither schenkt man sich in der ganzen Welt am 14. Februar Blumen.

b) Valentin war ein Bischof, der im 2. Jahrhundert nach Christus gegen den Befehl des Kaisers Paare in seiner Kirche getraut hat. Dafür wurde er getötet. Und die Menschen verehren ihn seither jedes Jahr an seinem Todestag, dem 14. Februar.

c) Das Valentinskraut blüht in Europa Mitte Februar. Wenn man darauf kaut, hat es eine berauschende Wirkung. Vor allem im Mittelalter wurden daher Mitte Februar jede Menge Feste gefeiert. Heute ist der Genuss dieses Krauts verboten und zum Gedenken an diese Zeit schenkt man sich Mitte Februar Blumen.

Richtig ist Antwort b)

Es soll tatsächlich im 2. Jahrhundert nach Christus einen Valentin gegeben haben. Er war Bischof und der Sage nach widersetzte er sich den Befehlen des Kaisers Claudius Gothicus. Der hatte nämlich seinen Soldaten verboten, christlich zu heiraten. Er meinte, dass unverheiratete Männer mit mehr Elan ihr Land verteidigen würden als verheiratete – und mit dem Christentum stand der Kaiser sowieso auf Kriegsfuß.

Valentin beachtete das Verbot nicht und traute heimlich die verliebten Paare in seiner Kirche. Doch der Kaiser kam ihm auf die Schliche und ließ ihn töten.

Seit dem 4. Jahrhundert verehren die Menschen Valentin immer an seinem Todestag, dem 14. Februar. Vielerorts wird dieser Tag auch der »Tag der Liebenden« genannt.

Warum schmücken wir an Weihnachten einen Tannenbaum?

a) Im Mittelalter wurde in den Kirchen zur Weihnachtszeit die Geschichte von Adam und Eva aufgeführt. In der Geschichte geht es unter anderem um einen Apfel, der von einem Baum gepflückt wird. Im Mittelpunkt stand also ein Baum mit roten Äpfeln. Daraus entwickelte sich der Weihnachtsbaum.

b) In der Bibel steht geschrieben, dass sich Jesus im Alter von vier Jahren von seiner Mutter Maria einen bunten Baum zum Geburtstag wünschte. Maria schmückte also einen Tannenbaum mit Früchten und Gebäck. Und da wir an Weihnachten Jesus' Geburtstag feiern, tun wir es ihr Jahr für Jahr nach.

c) Es wird erzählt, dass am 24. 12. 1815 einem kleinen französischen Jungen ein Engel erschienen ist. Der drückte ihm einen bunt geschmückten Tannenbaum in die Hand und sagte: »Trage ihn heim.« Der Junge trug den Baum nach Hause und die kranke Mutter sowie das blinde Brüderchen wurden sofort gesund. Seither gibt es bunte Bäume zur Weihnachtszeit.

Richtig ist Antwort a)

Im Mittelalter gab es am Weihnachtsabend das sogenannte Paradiesspiel. Darin wurde die Bibelgeschichte von Adam und Eva gezeigt. Zu diesem Spiel gehörte auch ein immergrüner Baum als »Paradiesbaum«, der mit roten Äpfeln geschmückt war. Denn in der Geschichte heißt es ja, dass Eva den Adam durch einen Apfel zur Sünde verführt hat und Gott die beiden dann aus dem Paradies vertrieben hat. Jesus, dessen Geburt wir an Weihnachten feiern, hat die Menschen durch seinen Tod wieder von den Sünden befreit, so der christliche Glaube.

Seither sind die christlichen Symbolfarben zur Weihnachtszeit Grün (wie der Baum) und Rot (wie die Äpfel). Grün symbolisiert die Treue und die Lebenskraft, die in wintergrünen Gewächsen steckt. Und Rot erinnert an das Blut Christi, das er vergossen hat, damit die Welt erlöst werde.

Erst seit der ersten Hälfte des 19. Jahrhunderts steht der Weihnachtsbaum nicht nur in der Kirche, sondern zusätzlich noch bei fast jeder Familie im Wohnzimmer. Ab da kam auch die feierliche Beleuchtung mit Kerzen und später auch mit Lichterketten hinzu.

Was bedeutet »Kinderschutz«?

a) Es gibt Erwachsene, die allergisch auf Kinder reagieren. Bei den meisten schwillt entweder der Hals an oder sie bekommen Wutausbrüche. Betroffene können ein Medikament zum Schutz vor Kindern beantragen. Die Kinderschutztablette hilft zum Glück meistens sofort.

b) Noch vor 100 Jahren mussten viele deutsche Kinder arbeiten, damit sie genug zu essen hatten. 1904 kam ein Gesetz heraus, dass Kinder bis 12 Jahre vor Arbeit schützte. Der Anfang war getan. Mittlerweile bedeutet Kinderschutz weit mehr: Er sorgt zum Beispiel dafür, dass Kinder zur Schule gehen, gewaltfrei erzogen werden etc.

c) Kinderschutz werden die vielen Reflektorstreifen und Lichter genannt, die an Kinderanoraks, Fahrrädern und Schulranzen angebracht sind. Sie heißen Kinderschutz, weil sie Kinder im Dunkeln vor Gefahren im Straßenverkehr schützen.

Richtig ist Antwort b)

Noch vor 100 Jahren war es in Deutschland völlig normal, dass Kinder arbeiten mussten. Sie gingen nicht zur Schule, sondern halfen auf dem Feld bei der Ernte, standen in der Fabrik am Fließband oder saßen stundenlang daheim an einem Tisch und nähten.

Im Januar 1904 kam ein Gesetz heraus, das die Kinderarbeit regelte. Es legte fest, wann und wie lange Kinder arbeiten durften. Allerdings schützte dieses Gesetz zunächst nur Kinder bis 12 Jahre. Wer älter war, konnte weiterhin zur Arbeit geschickt werden.

Heutzutage gibt es viele Gesetze, die das Leben der Kinder schützen. Alle sind in einem Gesetzbuch zusammengefasst: dem Jugendschutzgesetz.

Darin ist beispielsweise festgelegt, dass jedes Kind ein Recht auf Bildung, Gesundheit und auf eine gewaltfreie Erziehung hat.

Lebt ein Kind in einem Umfeld, in dem eines dieser Rechte nicht eingehalten wird, setzt sich das Jugendamt für dieses Kind ein.

Wie kam das Ketchup zu seinem Namen?

a) Zuallererst gab es eine Sojasoße in China mit dem Namen »ketsiap«. Als sie nach Amerika gelangte, wurde das Rezept mehrfach verändert und von der ursprünglichen Sojasoße blieb wenig übrig. Nur der Name klingt noch ähnlich. Einen einzelnen Erfinder gibt es also nicht, Ketchup ist eine amerikanische Gesamtproduktion.

b) Die beliebte Tomatensoße ist eine Erfindung des Amerikaners Harry Heinz. Vom Wettbewerbsgeist seiner Heimat durchdrungen gab Heinz seiner Soße den Namen Ketchup. Das leitete er von dem amerikanischen »to catch up« ab, was auf Deutsch »einholen« heißt.

c) Ketchup kommt ursprünglich aus Neuseeland. Bei den Maoris (Ureinwohner Neuseelands) heißt eine beliebte Nationalspeise »kett abbab«. Das bedeutet: »rote Soße«. Die Farbe kam allerdings nicht von den Tomaten, sondern von Tierblut. Das haben die Amerikaner schnell geändert. Alle anderen Zutaten blieben gleich und der Name wurde ebenfalls übernommen.

Richtig ist Antwort a)

In einem chinesischen Kochbuch aus dem Jahre 1690 kann man lesen, dass in China zu dieser Zeit bereits eine Soja-soße namens »ketsiap« zu Fisch und Geflügel gereicht wurde. Diese Soße gelangte im Gepäck der Handelsfahrer im 18. und 19. Jahrhundert nach Europa und Amerika.

Auf den verschiedenen Kontinenten entwickelte sich die Soße unterschiedlich weiter: Die Engländer kreierten dar-aus im Laufe der Zeit ihre sogenannte »Worcestersauce«, die Amerikaner vermischten die chinesische Soße mit To-maten und gaben ihr daher den Namen »tomato catsup«.

Harry Heinz war es schließlich, der diese Soße mit dem neu entwickelten Rezept als Erster industriell herstellte. Der Heinz-Ketchup ist nach wie vor sehr begehrt und hat mittlerweile fast die ganze Welt erobert.

Warum gibt es an St. Martin einen Laternenumzug?

a) Von St. Martin wird erzählt, dass er im 13. Jahrhundert lebte und besondere Heilkräfte hatte. Er zog als Nachtwächter mit seiner Laterne durch die Straßen. Und sobald sein Licht einen kranken Menschen streifte, war dieser geheilt. Seither gedenken wir jedes Jahr dieses heiligen Mannes, indem wir mit Laternen durch die Straßen ziehen.

b) St. Martin war ein so guter Mann, dass er fast all sein Hab und Gut an Bedürftige verschenkte. Als man ihn dafür ehren und zum Bischof weihen wollte, versteckte er sich. Die Menschen suchten ihn überall und durchstreiften sogar nachts mit Laternen die Gegend.

c) Martin lebte um 1500 auf Helgoland. Als eines Abends ein Sturm aufkam, entzündete er ein großes Feuer an der Küste. So konnten sich die Fischer nach Hause retten. Seither gibt es Leuchttürme und einen Laternenumzug am Martinstag.

Richtig ist Antwort b)

St. Martin lebte von 317 bis 397 n. Chr. und arbeitete beim römischen Militär. Als er von einem nächtlichen Ritt nach Hause kam, bat ihn ein halb erfrorener Bettler um eine Gabe. Martin hatte kein Geld bei sich. Also nahm er seinen Mantel, halbierte ihn mit seinem Schwert und gab die eine Hälfte dem Bettler.

Das und viele andere gute Taten machten ihn im ganzen Land beliebt. Daher wollte man ihn zum Bischof weihen. Aber Martins Bescheidenheit war so groß, dass er sich in einem Gänsestall versteckte, als er davon hörte. Die Menschen suchten ihn überall und durchforsteten nachts mit Laternen die Gegend. Die Gänse verrieten ihn schließlich, denn sie kreischten so laut über den Eindringling, dass man ihn fand.

Deshalb ziehen wir am Martinsabend mit leuchtenden Laternen singend durch die Straßen und essen eine Martinsgans.

Übrigens: Martin wurde doch noch Bischof von Tours.

Warum heißt die größte internationale Auszeichnung beim Film »Oscar«?

a) Das kommt daher, weil eine Sekretärin der Akademie für Filmkünste und -wissenschaften in Hollywood beim Anblick des Goldjungen angeblich gerufen hat: »Der sieht ja aus wie mein Onkel Oscar!«

b) »Oscar« ist die Abkürzung für »original super car«, was auf Deutsch so viel heißt wie: originales Superauto. Ursprünglich sollte die Trophäe nämlich ein kleines, goldenes Auto darstellen. Erst kurz vor der ersten Preisverleihung hat man sich für einen Goldjungen entschieden.

c) Der Oscar wurde 1929 zum ersten Mal an einen Bernhardiner namens Oscar verliehen. Er spielte in einem Krimi eine tragende Rolle. Der Hund wurde so beliebt, dass die größte Filmauszeichnung nach ihm benannt wurde.

Der 34 cm große Goldjunge ist der wichtigste Filmpreis der Welt. Verliehen wird er jedes Jahr im März von der »Academy of Motion Pictures Arts and Sciences« (auf Deutsch: Akademie für Filmkünste und -wissenschaften) in Hollywood.

Ursprünglich hieß der Preis »Verdienstauszeichnung für herausragende Leistungen«. Aber alle nennen ihn nur »Oscar«.

Es wird erzählt, dass er diesen Spitznamen einer Sekretärin verdankt. Als sie die Statue zum ersten Mal sah, soll sie gerufen haben: »Der sieht ja aus wie mein Onkel Oscar!«

Am 16. Mai 1929 war es zum ersten Mal so weit: Die 250 Akademie-Mitglieder trafen sich in Los Angeles in einem Hotel zur ersten Preisverleihung. Es waren kaum Preisträger anwesend und die Zeremonie dauerte ganze 4 Minuten und 22 Sekunden! Kaum zu glauben, denn heute dauert die Oscar-Verleihung mehr als 4 Stunden.

Warum gibt es Sparschweine?

a) Einer griechischen Sage zufolge besaß Dionysos, der Gott des Weines, ein Hausschwein, das Goldtaler ausschied. Also haben sich die Griechen vor über 4000 Jahren Schweine getöpfert, doch leider kam bei ihnen nur das Geld heraus, das sie vorher selber reingeworfen hatten.

b) Die Tonmischung, aus der früher Krüge zur Geldaufbewahrung hergestellt wurden, hieß »pygg«. Das ganze Gefäß hieß entsprechend »pygg banks«, weil es eben – wie eine Bank – Geld aufbewahrte. Eine Töpferei hat das missverstanden und töpferte Schweine, denn »pig« ist das englische Wort für Schwein.

c) In der größten Bank Ohios in Amerika bewachte Anfang des 19. Jahrhunderts ein dressiertes Schwein den Safe. Als ein berüchtigter Bankräuber auftauchte, biss es ihm kurzerhand in den Knöchel und quiekte alle Angestellten zusammen. Zum Dank durfte das Schwein seinen Lebensabend im Büro des Direktors verbringen. Und der ließ ab diesem Tag Sparschweine aus Ton herstellen.

Richtig ist Antwort b)

Im mittelalterlichen England haben sich die Menschen aus einer billigen Tonmischung Tongefäße hergestellt, in denen sie das Geld versteckten, das sie übrig hatten. Da sie ihr Geld nicht zur Bank trugen, sondern eben in den Krug oder die Schale legten, und da die dafür verwendete Tonmischung den Namen »pygg« trug, wurde das Gefäß schlicht »pygg banks« oder salopper »piggy banks« genannt.

Nun wird folgende Geschichte erzählt: Irgendwann im 19. Jahrhundert erhielt angeblich eine englische Töpferei einen Auftrag zur Produktion von »pygg banks«. Tja, und da zu diesem Zeitpunkt die Tonmischung schon lange aus der Mode gekommen war und keiner mehr den Namen »pygg« kannte, hat die Töpferei den Auftrag völlig missverstanden und töpferte Schweinchen. Denn »pig« ist englisch und heißt auf Deutsch Schwein.

Mit einem Schlitz am Rücken wurde das Sparschwein sofort der Renner, besonders bei Kindern.

Welche Stadt hat die meisten Einwohner?

a) Wenn die zuständigen Behörden recht haben, leben im Großraum von Japans Hauptstadt Tokio 33 444 000 Menschen, mehr als in jeder anderen Stadt. Oder sind es doch 33 444 001? Bitte alle in einer Reihe aufstellen, wir wollen noch einmal nachzählen ...

b) Wer die Stadt mit den meisten Menschen besuchen will, wird keine Wolkenkratzer, sondern Dörfer vorfinden: Nosta illo sagfre Nostaggi. Das ist Russisch und heißt: »Ort der ungezählten Orte«. 30 Millionen Bürger leben in den 1758 Dörfern in Sibirien, dem äußersten Nordosten Russlands. Sie wurden aus organisatorischen Gründen zusammengefasst.

c) Über 1 Milliarde Einwohner drängeln sich in Antsville – mehr als ein Sechstel der Weltbevölkerung. Allerdings laufen sie auf sechs Beinen! Der weltweit größte Ameisenhaufen wurde 1986 vom König des Südsee-Inselstaates Tongobo ins Bürgerbuch aufgenommen. Das fleißige Völkchen hat sogar eine eigene Postleitzahl!

Richtig ist Antwort a)

Tokio, die japanische Hauptstadt, ist die Stadt mit der größten Einwohnerzahl. 1950, als in New York schon über 12 Millionen Menschen lebten, war die »östliche Hauptstadt«, so kann man das Wort »Tokio« übersetzen, ungefähr halb so groß, also fast noch ein Kuhdorf. Innerhalb von 25 Jahren hat sich die Zahl der Bürger dann jedoch verdreifacht. Damit ließ Tokio die 15 anderen großen Städte der Welt weit hinter sich.

Die genaue Einwohnerzahl dieser riesigen Städte festzustellen ist eigentlich kaum möglich, da ein Großteil der Menschen nicht gemeldet ist und in Elendsquartieren lebt. In Mexico-City gibt es zum Beispiel einen sogenannten Slum mit über 4 Millionen Bewohnern, der aber in keinem Stadtplan zu finden ist!

Große Städte haben auch große Probleme zu bewältigen. Denn mit der Einwohnerzahl wachsen natürlich auch Verbrechen, Müll und Luftverschmutzung.

Wer erfand den Klettverschluss?

a) Im Weltall müssen alle Gegenstände am Raumanzug befestigt werden, sonst fliegen sie davon. Mit den großen und klobigen Handschuhen war das oftmals eine umständliche Fummelei. Daher entwickelte ein Astronaut der NASA auf der ISS den Klettverschluss. Mit ihm muss alles einfach nur noch angedrückt werden.

b) Die Klette ist ein Gewächs, das sich an Stoff festhakt – und ein Schweizer kam auf die Idee, diese Festhak-Methode zu kopieren. Lange untersuchte er Kletten unter seinem Mikroskop und konnte tatsächlich einen Verschluss entwickeln, der wie die Klette »zupackt«.

c) Eine Schneiderin und Mutter von vier kleinen Kindern hatte die Schuhbinderei satt. Voller Tatendrang setzte sie sich in jeder ruhigen Minute an ihren Arbeitsplatz und entwickelte Schritt für Schritt den Klettverschluss. Da es nur wenig ruhige Minuten im Leben einer Mutter gibt, brauchte sie zehn Jahre dafür. Doch die Mühe hat sich gelohnt. Mittlerweile ist sie mehrfache Millionärin. Ihr Name: Julia Klett.

Richtig ist Antwort b)

Die Idee des Klettverschlusses hat ein Schweizer namens George Mestral der Natur abgeguckt. Als er nämlich in den Bergen wandern ging, hefteten sich jede Menge Kletten (kugelförmige Blüten einer Pflanze) an seine Hosenbeine.

Da Mestral Erfinder war, war er von Haus aus neugierig und wollte unbedingt hinter das Geheimnis dieser Klebemethode kommen. Also nahm er die Kletten mit nach Hause und untersuchte sie unter seinem Mikroskop. Dabei entdeckte er, dass die dünnen Stacheln der Klette an ihren Spitzen winzige, bewegliche Häkchen haben. Und sobald sie in Kontakt mit Stoff kommen, haken sie sich an den kleinen Schlaufen des Stoffes fest. Die Pflanzen machen das, um sich möglichst weit verbreiten zu können.

Mestral arbeitete zehn Jahre lang daran, diese »Häkchen«-Methode zu kopieren. Er entwickelte zwei verschiedene Streifen, die zusammenhafteten, sobald man sie aneinanderdrückte. Denn auf der Oberfläche des einen Streifens waren klitzekleine Häkchen (wie bei der Klette) befestigt und auf der anderen Schlaufen (wie beim Stoff).

Klar, dass die Klette für den Namen des neuen Verschlusses Pate stehen durfte. 1951 meldete er seine Entdeckung zum Patent an.

Warum nennt man den Kaiserschnitt Kaiserschnitt?

a) Wenn früher eine Kaiserin ihr erstes Kind erwartete, wurde es immer per Kaiserschnitt geholt. Denn bei dem Nachwuchs handelte es sich um den nächsten Kaiser, falls es ein Junge war. Ein Kaiserschnitt bedeutete für den wichtigen Nachwuchs weniger Risiken als eine natürliche Geburt.

b) Ein Arzt, der im ausgehenden 19. Jahrhundert in Göttingen die Geburtenstation der Frauenklinik leitete, führte am 6. April 1881 weltweit zum ersten Mal einen Kaiserschnitt durch. Eine Schwangere drohte an der Geburt des Kindes zu sterben, weil ihr Geburtskanal zu eng war. Die Operation glückte. Der Name des Arztes war Alwin Kaiser.

c) Angeblich soll der römische Kaiser Julius Cäsar per Kaiserschnitt zur Welt gekommen sein. »Caedare« ist lateinisch und heißt auf Deutsch »herausschneiden«. Seither wird dieser Eingriff Kaiserschnitt genannt.

Der Kaiserschnitt hat seinen Namen von Gaius Julius Cäsar, welcher der Legende nach aus dem Bauch seiner Mutter herausgeschnitten werden musste. So steht es zumindest in den Aufzeichnungen des Schriftstellers Plinius geschrieben.

Auf Lateinisch heißt herausschneiden »caedare«. Angeblich soll Gaius Julius auch auf diese Weise zu seinem Beinamen »Caesar« gekommen sein. Und die Deutschen haben im Laufe der Jahrhunderte aus »Caesar« »Kaiser« gemacht.

Selbst wenn Plinius mit dieser Behauptung nicht recht gehabt haben sollte, so verdankt der Kaiserschnitt seinen Namen zumindest der Fantasie dieses altrömischen Schriftstellers.

Im Englischen heißt der Eingriff übrigens heute noch »Caesarian section«.

Wie heißt der höchste Berg der Erde?

a) Der Mount St. Helen ist erst seit kurzer Zeit der höchste Berg der Erde. Als der bis dahin schlummernde Vulkan im Jahr 1980 ausbrach, lagerten sich erkaltete Lavamassen auf dem Gipfel ab und ließen den Berg um 400 Höhenmeter wachsen. Für den bislang eher unbekannten amerikanischen Bundesstaat Washington ist der junge Riese mit 8882 m eine willkommene Klettertouristen-Attraktion.

b) Wer möchte nicht mal den höchsten Berg der Welt besteigen? Auf dem 8850 m hohen Mount Everest herrscht so ein Andrang, dass sich die Gipfelstürmer schon Jahre im Voraus anmelden müssen.

c) Durch einen Schreibfehler galt der K2 in Pakistan jahrelang als zweithöchster Berg der Erde. Auf einer Satellitenaufnahme wurden 1999 die Schatten aller Achttausender verglichen: Der K2 ist nicht 8610 m, sondern 8910 m hoch und damit der höchste Berg der Welt.

Richtig ist Antwort b)

Der höchste Berg der Welt liegt zur einen Hälfte in Nepal, zur anderen in Tibet. Sein Gipfelgrat trennt die beiden Länder. Die Nepalesen nennen ihn »Göttinmutter der Welt«, in Tibet heißt er »Himmelskönig«. Dagegen klingt »Mount Everest«, sein offizieller Name, richtig unromantisch. Benannt wurde er nach dem Vermessungsbeauftragten George Everest.

Zu Beginn des 19. Jahrhunderts hatte Sir Everest damit begonnen, das Himalajagebirge zu vermessen. Aber erst seinem Nachfolger gelang es, die exakten Maße zu ermitteln. Das war gar nicht so einfach, schließlich gab es noch keine Satelliten und Lasermessgeräte. 1849 konnte das Ergebnis präsentiert werden. Der höchste Gipfel des Gebirgszuges liegt 8848 m über dem Meeresspiegel und ist damit der höchste Gipfel der Welt. Inzwischen sind es sogar 8850 m, denn jährlich kommen durch Bewegungen der Erdkruste, der sogenannten Plattentektonik, 1 bis 2 cm dazu.

Warum sagt man »toi, toi, toi!«?

a) »Tea Organisation International« heißt abgekürzt »Toi«. Die Engländer wollten Mitte des 18. Jahrhunderts ihre Teetradition auf der ganzen Welt verbreiten. Dafür gründeten sie eine Organisation, welche die Gemütlichkeit des Teetrinkens allerorten anpries. Zurückgeblieben ist nur der Ausruf »toi, toi, toi!«, den wir heute verwenden, wenn wir uns besonders wohlfühlen.

b) Mit dem Ausruf »toi, toi, toi!« sage ich meinem Gegenüber, dass ich ihn schätze und ehre wie keinen anderen. »Toi« heißt auf Chinesisch »Kaiser«. Die Chinesen verehrten ihren Kaiser so sehr, dass sie seinen Titel dreimal hintereinander ausriefen, um einander zu grüßen. Diesen chinesischen Brauch haben wir übernommen, allerdings verwenden wir ihn für Freunde, nicht für Herrscher.

c) »Toi, toi, toi!« ist die lautmalerische Version von Spuckgeräuschen. Spucke hält nämlich böse Geister fern, so ein alter Aberglaube. Und einen Freund, der vor einer Prüfung oder einem Auftritt steht, möchte man mit diesen Worten gerne vor den bösen Geistern schützen. So war es zumindest früher – heute wünscht man einander mit diesen Worten einfach nur Glück und Erfolg.

Mit dem Ausdruck »toi, toi, toi!« wünscht man jemandem Glück und Erfolg, besonders für eine Prüfung oder einen künstlerischen Auftritt.

Früher gab es den Aberglauben, dass böse Geister sofort herbeieilten, sobald jemand gelobt wurde. Mit Neid und Missgunst fielen sie dann angeblich über den Gelobten her.

Wenn man nun aber trotz dieser Gefahr ein Lob aussprechen wollte, musste man sofort ein »unberufen« hinzufügen und gleich darauf dreimal auf Holz klopfen. Mit dieser Geste glaubte man die Geister fernhalten zu können.

Zusätzlich half auch noch ein dreimaliges Ausspucken vor dem zu Schützenden, denn Speichel galt früher als eine Art Abwehrzauber gegen Dämonen und war kein Zeichen der Verachtung, so wie heute. Der »toi, toi, toi!«-Ruf ist einfach die lautmalerische Version des Spuckgeräusches.

Sagt dir also ein Freund vor einem entscheidenden Augenblick »toi, toi, toi!«, heißt das nichts anderes, als dass er dir vor die Füße oder über die Schulter spuckt, um böse Dämonen von dir fernzuhalten.

Warum essen die Chinesen mit Stäbchen?

a) Stäbchen gab es lange vor Gabeln. Messer galten lediglich als Küchenwerkzeug zur Vorbereitung von Speisen, gehörten aber nicht auf den Tisch. Alle Menschen aßen damals mit den Fingern. Warum die Chinesen vor fast 4000 Jahren plötzlich Stäbchen benutzten, ist nicht klar. Vielleicht war es einfach nur praktisch, weil man damit bequem essen konnte und die Finger sauber blieben.

b) Chinesische Ess-Stäbchen gibt es ganz genau seit dem 30. Februar 1813. An diesem Tag rammte sich der Kaiser von China aus Versehen eine Gabel tief in seine rechte Hand. Noch am gleichen Tag brachte er ein neues Gesetz heraus: »Ab heute wird in meinem Land nur noch mit ungefährlichen Stäben gegessen!«

c) In China wird überhaupt nicht mit Stäbchen gegessen. Lediglich die chinesischen Restaurants in Europa haben sie zur Tradition erklärt, weil das Essen mit Stäbchen für die Europäer aufregend und spannend ist.

Die chinesischen Ess-Stäbchen gibt es schon seit fast 4000 Jahren. Damals haben noch alle Menschen auf der Welt mit den Händen gegessen. Messer waren lediglich Werkzeuge zur Vorbereitung der Nahrung und Gabeln waren noch nicht erfunden.

Es ist nicht so ganz klar, wie die Chinesen auf die Idee kamen, ihr Essen zwischen zwei Stäbchen zu klemmen, um es dann in den Mund zu schieben. Konfuzius, ein chinesischer Philosoph, soll angeblich gesagt haben, dass ein Messer eine gefährliche Waffe am Tisch sei. Vielleicht fanden die Chinesen das Essen mit Stäbchen aber auch einfach nur vornehmer als mit den Händen. Oder bequemer, denn die Speisen wurden in der Küche schon immer zu mundgerechten Stücken zugeschnitten, sodass man beim eigentlichen Essen keine Arbeit mehr hatte. Große Teile wie zum Beispiel ein Schnitzel kommen in China nicht auf den Tisch.

Die Reichen hatten Stäbchen aus Elfenbein oder Silber. Alle anderen aßen mit Holz- oder Bambusstäbchen.

Übrigens: Es gibt Schätzungen, dass ca. 500 Millionen Menschen Messer und Gabel benutzen, 1,2 Milliarden Stäbchen verwenden und ca. 4,6 Milliarden Menschen mit den Fingern essen.

Wo gab es den ersten Zoo?

a) Am 1. 1. 1000 öffneten sich die Pforten des Aachener Tiergartens, in dem sich zu diesem Zeitpunkt genau tausend verschiedene Tierarten tummelten. Dieser Park war das Geschenk Kaiser Karls des Großen an sein Volk, um das beginnende neue Jahrtausend gebührend zu feiern. Der Welt schenkte er damit den ersten zoologischen Garten.

b) Ein schriftlicher Beleg für den ersten Tierpark der Welt fand sich bei Ötzi, einer der berühmtesten Mumien. Der Mann war offensichtlich auf dem Rückweg vom Bozener Zoo, als er für die nächsten 5000 Jahre im Schnalstaler Gletscher festfror. In seiner gut erhaltenen Jackentasche steckte noch die Eintrittskarte aus Wachs.

c) Der sagenumwobene König Schulgi schmückte vor über 4000 Jahren seine Hauptstadt Ur in Mesopotamien nicht nur mit Tempelbauten und Gartenanlagen, sondern auch mit dem ersten Tierpark der Welt.

Richtig ist Antwort c)

Während sich heute »die Reichen und Schönen« mit teuren Autos oder Privatflugzeugen schmücken, taten sie sich vor über 4000 Jahren mit seltenen Tieren aus fremden Ländern hervor.

Der sumerische König Schulgi regierte um 2050 v. Chr. in Mesopotamien, dem heutigen Irak. Es wird erzählt, dass er exotische Tiere sammelte und in seiner Gartenanlage ausstellte. Dieser erste Zoo der Welt war vermutlich aber nicht für jedermann zugänglich.

Erst die Französische Revolution (1789–1794) sorgte dafür, dass nicht nur die Reichen und Adligen in den Genuss eines Tierparks kamen, sondern auch der Rest der Bevölkerung. Tierparkanlagen, wie zum Beispiel die Pfaueninsel bei Potsdam, standen endlich allen offen.

Den zoologischen Garten, wie wir ihn heute kennen, gibt es erst seit 1907. Carl Hagenbeck gründete in Hamburg den ersten Tierpark, in dem die Tiere in möglichst naturgetreuen Gehegen leben.

Wer erfand die Turnschuhe?

a) Schuhe gibt es schon seit ewigen Zeiten, allerdings waren sie früher hart und unbequem. Erst als der Amerikaner Charles Goodyear durch einen Zufall einen Trick herausfand, wie man Gummi biegsam und haltbar macht, kam der erste Turnschuh auf den Markt.

b) Diese Frage wird wohl für immer unbeantwortet bleiben aufgrund des berühmten »ostfriesischen Turnschuhs«. Er ist eines der sieben Weltwunder. Erst 1911 fand man in Ostfriesland eine Moorleiche, die 2000 Jahre im Moor konserviert war. Sie trug Turnschuhe, obwohl es damals nirgendwo auf der Erde derartiges Schuhwerk gab.

c) Den ersten Turnschuh hat ein afrikanischer Langstreckenläufer entwickelt. Er plante, sieben Tage nonstop durch die Wüste zu laufen. Bis zu diesem Zeitpunkt waren alle Schuhe noch viel zu schwer für ein solches Vorhaben. Den Turnschuh entwickelte er mit Erfolg, den Lauf schaffte er allerdings nicht, da er sich eine Woche vor dem Start beim Training den Knöchel brach.

Richtig ist Antwort a)

Schuhe wurden erst bequem und belastbar, als man lernte, Gummi richtig zu verarbeiten. Und das kam so:

Im Sommer 1834 betrat Charles Goodyear in New York ein Gummigeschäft. Der Filialleiter des Ladens beklagte sich über die Hitze, die seine Gummiprodukte zu einer übel riechenden, klebrigen Masse zusammenschmelzen ließ.

Goodyear, der ziemlich pleite war, witterte eine Geschäftsidee und fing an zu tüfteln. In einer Pfanne erhitzte er Kautschuk (gummiartiger Milchsaft von tropischen Pflanzen) und walzte ihn platt. Nach dem Abkühlen formte er aus dem Fladen Schuhe für seine Kinder. Doch im Winter waren sie steif wie Stein und in der Sommerhitze wurden sie sofort weich und flossen auseinander.

Als Goodyear einem Händler seine Kautschukmischung vorstellen wollte, machte dieser sich über das Produkt lustig. Erbost schwenkte Goodyear die Mischung durch die Luft und sie landete auf dem glühend heißen Ofen. So hoch hatte Goodyear sie noch nie erhitzt, und als er die Masse vom Ofen kratzte, stellte er fest, dass der Teil, der nicht zu sehr verbrannt war, exakt zu dem Gummi wurde, das er sich immer gewünscht hatte: Es blieb bei Kälte biegsam und in der Wärme schmolz es nicht. Bald darauf kamen die ersten Turnschuhe auf den Markt – aus Stoff mit Gummisohle.

Wo liegt der tiefste See?

a) Der ostfriesische Monkersee hat eine Art doppelten Boden. Durch Zufall wurde 1984 entdeckt, dass der See unter einer Schlickschicht noch weitergeht. Allerdings ist es noch nicht gelungen, die wahre Tiefe des Sees zu messen, denn von den Tauchern, denen es gelang, sich durch die Schlickschicht zu wühlen, ist keiner je zurückgekehrt. Fossile Bakterien im Wasser lassen jedoch eine Gesamttiefe von mehr als 3 km erahnen. Damit ist er der tiefste See der Welt.

b) Mit 1470 m ist der Tanganjikasee in Tansania der tiefste Süßwassersee der Erde. In den Tiefen des wichtigsten Frischwasser-Reservoirs Afrikas ist der Regenbogenfisch zu Hause, den fast jedes Kind aus den bekannten Bilderbüchern kennt.

c) Der sibirische Baikalsee ist der älteste, siebtgrößte und mit 1741 m zugleich tiefste See der Welt. Im Winter wird seine über 1m dicke Eisdecke von den Anwohnern gern als Straße genutzt. Auf diese Weise verkürzt sich die Fahrt ins gegenüberliegende Dorf erheblich.

Vor über 25 Millionen Jahren begann sich der eurasische Kontinent zu bewegen. Dabei entstand quer durch Sibirien, im Osten Russlands, ein riesiger Riss, ein sogenanntes Rift-Valley. Flüsse flossen in diese Absenkung und der 31500 m² große und 1741 m tiefe Baikalsee entstand.

Wenn man den Stöpsel herausziehen und ihn ganz leer machen könnte, bräuchten alle Flüsse dieser Welt fast ein Jahr, um die 23 600 Milliarden m³ (Kubikmeter) Wasser wieder aufzufüllen!

»Baj Kalj« ist Russisch und heißt übersetzt »Reicher See«. Und das ist kein Wunder, denn es gibt 1300 Tier- und Pflanzenarten, die ausschließlich am und im Baikalsee leben. In den mannshohen Schwammwäldern am stockdunklen Grund wohnt zum Beispiel der Golominka, ein großer durchsichtiger Fisch ohne Schuppen. Und an den Seeufern haust die kleine Baikal-Ringelrobbe, die einzige Süßwasserrobbe der Welt.

Wann klingelte das erste Handy?

a) Das erste Handy klingelte 1952 bei der Premiere des Films »Silberzeh« in Hollywood. Der Hauptdarsteller, Geheimagent John Fond, trug ein als Zigarettenschachtel getarntes Mobiltelefon in der Anzugtasche. Dabei handelte es sich natürlich um eine Attrappe, denn damals gab es derartige Telefone noch gar nicht.

b) 1983 brachte die Firma Motorola ein Modell mit dem hübschen Namen »Dyna TAC 8000X« auf den amerikanischen Markt. Das wegen seiner Größe auch liebevoll »der Knochen« genannte Mobiltelefon gilt als das erste Handy der Welt.

c) Im Zweiten Weltkrieg machten sich die Franzosen die Übertragung von Schall durch Wasser zunutze. Die Kommandeure der U-Boot-Flotte konnten sich mittels eines sogenannten Schallhandys im atlantischen Ozean unterhalten, allerdings nur bei einer Tiefe von mindestens 5000 m unter dem Meeresspiegel.

Richtig ist Antwort b)

Als Neil Armstrong 1969 die ersten Worte vom Mond an die Menschheit richtete, hatte der Direktor der Technologiefirma Motorola eine Idee: Auch auf der Erde wäre es von Vorteil, ohne Kabel telefonieren zu können! Aber erst nach 14-jähriger Entwicklungsarbeit und nachdem die Firma ca. 100 Millionen Dollar ausgegeben hatte, wurde der Traum Wirklichkeit.

Im Vergleich zu den heutigen Leichtgewichten war das Dyna TAC 8000X mit seinen 800 g ein schwerer Brocken. Und in der Hosentasche fand es bei einer Länge von über 30 cm auch keinen Platz. Aber immerhin konnte man das schnurlose Telefon mit sich herumtragen. Deswegen gilt es als das erste echte Handy der Welt.

Trotz des hohen Preises von fast 4000 Dollar hatte das amerikanische Mobilnetz nach einem Jahr schon 30 000 Teilnehmer.

Fast ein Jahrzehnt später hatten die mobilen Telefone auch Deutschland erobert. Während Anfang der Neunzigerjahre das Telefonieren mit dem Handy noch Managern und Geschäftsleuten vorbehalten war, klingelt es heute schon in zahlreichen Kinderzimmern.

Wie groß ist Deutschlands kleinste Schule?

a) Deutschlands kleinste Schule ist nicht größer als ein Lastwagen. Da auch Zirkuskinder unterrichtet werden müssen, hat der berühmte Circus Krone sogar eine eigene Lehrerin. Auf vier Rädern rollt das Klassenzimmer durch Deutschland und Europa.

b) Der Direktor der Grundschule Kleinhäuslingen in Franken hat sich für seine Schüler etwas Besonderes ausgedacht: Damit sich die Erstklässler in der neuen Umgebung nicht verloren fühlen, hat er das Schulhaus auf die Hälfte verkleinert. Was er allerdings zu bedenken vergaß: Die Lehrer müssen jetzt die Köpfe einziehen.

c) Die Fernsehsender ARD und ZDF haben eine Stiftung für Hochbegabte gegründet. Genau drei Schüler werden während ihrer gesamten Schulzeit von Professoren und Wissenschaftlern betreut. Für die staatlich anerkannte Schule steht ein Raum im Berliner Funkturm zur Verfügung.

Die Kinder der Artisten und Angestellten des Circus Krone haben eine eigene winzige Schule in einem umgebauten Lastwagen. Auf dem Lehrplan der rund fünf Schüler stehen nicht Seiltanzen und Jonglieren, sondern Mathe, Deutsch und Sachkunde. Wie es auch früher auf dem Land üblich war, werden hier alle Jahrgangsstufen von einer Lehrerin gleichzeitig unterrichtet. Das rollende Klassenzimmer ist vom bayerischen Kultusminister als staatliche Schule anerkannt worden.

Was die Schülerzahlen angeht, können die Grund- und Hauptschulen der Nordseehalligen Gröde und Nordstrandischmoor miteinander um den Titel »kleinste Schule Deutschlands« wetteifern. In manchen Jahren sitzt dem Lehrer nur ein einziger Schüler gegenüber, je nachdem wie viele schulpflichtige Kinder es gerade gibt. Bei ca. 18 Inselbewohnern sind das meistens nicht viele. Abschreiben ist da ganz schön schwierig.

Wann flog zum ersten Mal ein Mensch?

a) Der römische Geschichtsschreiber Catull berichtet, dass die ägyptische Königin Kleopatra im Jahr 39 v. Chr. mit einer Art Hubschrauber zu einem Staatsempfang reiste. Vier Sklaven bewegten mittels einer Zahnradkonstruktion den Propeller. Die erste Flugmaschine der Welt konnte allerdings nicht höher als 50 cm über dem Boden fliegen.

b) 1783 bestiegen die Franzosen Jean-François Pilâtre de Rozier und Marquis de Arlandes einen Heißluftballon und schwebten damit 25 Minuten lang über Paris. Allerdings hatten sie dieses Flugexperiment zunächst an ein paar Tieren ausprobiert. Erst dann trauten sie sich selbst, in die Luft zu steigen.

c) Als erster fliegender Mensch gilt der italienische Geistliche Piedro di Ballone. Nach zahlreichen Experimenten gelang es ihm, 1779 mit seinen selbst konstruierten Flügeln vom Boden abzuheben. Trotz der enormen Spannbreite von jeweils 2,5 m kam er nie weiter als 5 m. Als er sich schließlich bei seinen Flugexperimenten einen komplizierten Beinbruch zuzog, gab er auf.

Richtig ist Antwort b)

Der Traum vom Fliegen ist so alt wie die Menschheit. Eine griechische Sage erzählt von Ikarus, der mit selbst gebauten Flügeln in den Himmel stieg. Aber er hörte nicht auf die Warnung seines Vaters und flog zu nahe an die Sonne. Das Wachs, das die Federn seiner Flügel zusammenhielt, schmolz und Ikarus stürzte zu Tode.

Obwohl die meisten Menschen glaubten, der Himmel sei den Göttern vorbehalten, versuchten Einzelne immer wieder die Schwerkraft zu überwinden. Der Maler und Erfinder Leonardo da Vinci soll zum Beispiel Heilige aus Papier gebastelt haben. Er ließ sie zum Geburtstag des Papstes über einem Feuer in die Luft schweben. Das Prinzip dahinter: Heiße Luft ist leichter als kalte und steigt nach oben.

Auf diese Weise funktioniert auch der Heißluftballon, den die Brüder Montgolfier entwickelten. Ein Hammel, ein Hahn und eine Ente waren die ersten Testpiloten. Als die Tiere vom Ausflug in 2000 m Höhe unversehrt zurückkamen, trauten sich die ersten Menschen in den Korb. 1783 starteten Marquis de Arlandes und Pilâtre de Rozier zum ersten bemannten Flug der Welt.

Wer erfand die Coca-Cola?

a) Coca-Cola ist ein Zufallsprodukt. Der 3-jährige Sohn des Limonadenverkäufers Jack Cokeman schüttete den braunen Zuckerrübensirup, den seine Mutter für einen Kuchen bereitstehen hatte, in das Limonadenglas seines Vaters. Bevor er schimpfte, probierte Cokeman das Gemisch. Er war begeistert, feierte seinen Sohn und wurde reich.

b) Die Farbigen in Afrika entwickelten im 17. Jahrhundert das aufputschende Coca-Cola-Getränk aus der Colanuss, die im Süden Afrikas wächst. Das Getränk diente zum Wachbleiben während der rituellen Feste, die zum Teil bis zu 48 Stunden dauerten.

c) Ein amerikanischer Apotheker war immer eifrig darum bemüht, seinen Kunden neue Rezepturen anzubieten. So entwickelte er Schritt für Schritt ein sirupartiges Getränk mit dem Namen Coca-Cola, das er gegen Müdigkeit und Kopfschmerzen verkaufte.

Dr. John S. Pemberton, ein Apotheker in Atlanta, USA, war ständig auf der Suche nach neuen Rezepturen. So fing er 1885 an, Blätter der in Südamerika wachsenden Kokapflanze in Rotwein zu legen. Vom schlechten Absatz enttäuscht, änderte er ein Jahr später sein Rezept: Er ließ den Wein weg und fügte dem Getränk nun die koffeinhaltige afrikanische Kolanuss hinzu. Um den bitteren Geschmack zu mildern, mischte er Zucker und Aromastoffe bei.

Sein Partner Frank M. Robinson entwarf den bis heute unverändert gebliebenen Coca-Cola-Schriftzug. In den örtlichen Apotheken wurde das Getränk als »bewährtes Gehirntonikum« angeboten, das man pur oder mit Wasser verdünnt gegen Müdigkeit und Kopfschmerzen trinken konnte.

1887 verkaufte Pemberton das Rezept an Asa G. Candler. Dieser veränderte es, indem er dem Getränk kohlensäurehaltiges Wasser beimischte. Zusammen mit Frank Robinson als Partner gründete Candler 1892 die Coca-Cola-Company.

Bis 1903 stellten Candler und Robinson den Sirup alleine her – denn sie erkannten, dass die Geheimhaltung des Rezeptes das Getränk geheimnisvoller und dadurch erfolgreicher macht. Noch heute ruht das Rezept in einem Tresor der Trust Company of Georgia, USA. Es wird behauptet, dass nur die Direktoren des Unternehmens verfügen dürfen, wann und für wen der Tresor geöffnet wird.

Welche Marke ist die teuerste Briefmarke?

a) Im 16. Jahrhundert wurde dem Kurier des Zaren eine kleine Papiermarke mit dem Porträt des Absenders auf die Stirn geklebt. So konnte der Empfänger sicher sein, dass der Überbringer der Nachricht tatsächlich im Auftrag des russischen Herrschers kam. Eine dieser Marken liegt im Petersburger Nationalmuseum. Ihr Wert gilt als unschätzbar.

b) Um sein Taschengeld aufzubessern, verkaufte ein kleiner schwedischer Junge alte Briefe aus Omas Erinnerungskiste an einen Händler. Für die Briefmarke »Tre Skilling Banco« bekam er 7 Kronen. Hundert Jahre später wurde dieselbe Marke für 1,7 Millionen Euro versteigert.

c) Mit einer Sondermarke aus bunten Brillanten und mit einem Rand aus Platin frankierte Scheich Abdul al Hambra die Postkarten an seine Lieblingsfrau. Ihr Wert wird ungefähr auf 2,1 Millionen Euro geschätzt.

Wer 1653 in Paris einen Brief verschicken wollte, musste zuerst einen Papierstreifen der Stadtpost daran festnähen. Erst knapp 200 Jahre später kam ein Postmeister aus London auf den Gedanken, dass selbst klebende Quittungen die Zustellung von Briefen und Päckchen erheblich erleichtern würden.

Mit der ersten Briefmarke entstand auch die Philatelie, so nennt man die Briefmarkenkunde. Philatelisten aus aller Welt sammeln die kleinen Bildchen mit den meist gezahnten Rändern. Besonders beliebt sind dabei ganz seltene, alte Marken, die noch nicht gestempelt wurden.

Als seltenste und teuerste Briefmarke der Welt gilt die gelbe »Tre Skilling Banco« aus Schweden. 1855 wurden 91 000 Stück davon gedruckt. Dabei kam es zu einem Fehldruck und wenige wurden gelb statt grün.

Für das einzige erhaltene Exemplar aus diesem Fehldruck zahlte ein schwedischer Sammler 1996 bei einer Versteigerung 1,7 Millionen Euro. Gemessen am Gewicht ist das Papierstückchen auch der teuerste Gegenstand der Welt!

Welcher Planet ist der heißeste Planet unseres Sonnensystems?

a) Auf der Oberfläche der Venus geht es heiß her. Aus zahlreichen sogenannten »Pfannkuchenvulkanen« tritt dickflüssige Lavamasse und die Durchschnittstemperatur liegt bei ca. 480 °C.

b) Der heißeste Planet ist ein Gesteinsbrocken, den Astronauten während eines Fußballspiels vom Mond aus ins All gekickt haben. Dabei ist er in die Umlaufbahn geraten, die der Sonne am nächsten liegt. Der neue Planet hat eine Temperatur von ca. 1300 °C und wurde nach dem griechischen Helden Rehakles benannt.

c) Unsere Erde wäre nicht so grün, wenn sie nicht der heißeste Planet unseres Sonnensystems wäre. Aufgrund der größeren Entfernung zur Sonne sind bei allen anderen Planeten Minusgrade bis zu -10 000 °C an der Tagesordnung. Da wächst kein Kraut mehr!

Richtig ist Antwort a)

Im Gegensatz zu Sternen, die aus Gas bestehen und von selbst leuchten, sind Planeten feste Himmelskörper. Neun solcher Planeten umkreisen unsere Sonne: Jupiter, Mars, Neptun, Pluto, Uranus, Saturn, Merkur, Venus und unsere Erde, die als Einzige nicht nach einer griechischen Gottheit benannt wurde.

All diese Planeten unterscheiden sich voneinander und jeder hat besondere Merkmale. Pluto ist zum Beispiel der kleinste Planet, Jupiter der größte und Merkur saust auf seiner Bahn doppelt so schnell wie die Erde.

Die Venus kann man mit bloßem Auge erkennen, denn neben Sonne und Mond ist sie das hellste Objekt am Himmel. Auf ihrer Oberfläche herrschen äußerst ungemütliche Zustände, sodass von einer Reise zu ihr nur abgeraten werden kann. Der Druck von 90 Atmosphären (das entspricht dem Druck, der 1000 m unter der Meeresoberfläche besteht) würde einen Menschen zerschmettern. Ihre Kohlendioxidschicht würde ihn ersticken und Schwefelsäuredampf seinen Körper zersetzen. Und außerdem würde der Venustourist auf dem heißesten Planeten unseres Sonnensystems bei 480 °C verbrennen. Da schmilzt sogar Blei!

Wie entstand das Eis am Stiel?

a) Eine erfindungsreiche Krankenschwester aus der Eifel musste an einem Tag im Sommer 1923 die Kinderstation des Krankenhauses ganz alleine versorgen. Um nicht jedes Kind einzeln füttern zu müssen, steckte sie die Löffel kurzerhand in das Speiseeis, schob es noch einmal ins Kühlfach – und fertig war das erste Eis am Stiel. So geriet die Krankenschwester nicht in Stress und die Kinder waren glücklich.

b) Das erste Eis am Stiel entstand zufällig bei einer Wette: Zwei Franzosen hämmerten vorsichtig Nägel in Eiswürfel. Wer die meisten Nägel schaffte, ohne das Eis zu zerstören, hatte die Wette gewonnen. Am Ende erkannten sie das Zufallsprodukt, ersetzten das gefrorene Eis durch Limonade und wurden reich.

c) Ein Limonadenverkäufer ließ aus Versehen im Winter ein Glas mit einem Löffel auf einer Fensterbank stehen. Als er am nächsten Morgen das Glas fand, war die Limonade gefroren und hing am Löffel. So kam es, dass er plötzlich das erste Eis am Stiel in der Hand hatte.

Die Erfindung des Eises am Stiel ist nicht das Ergebnis von umfangreichen Experimenten. Es ist sozusagen ganz aus Versehen und über Nacht erfunden worden. Und zwar von einem Amerikaner namens Frank Epperson.

Er war Vertreter für Limonade und eines Nachmittags stellte er sein Produkt einer Firma in New Jersey vor. Dabei vergaß er ein Glas Limonade, in dem ein Löffel steckte, auf dem Fensterbrett.

In der folgenden Nacht sank die Temperatur unter 0 °C, und als Epperson am nächsten Morgen den Löffel herausnehmen wollte, hielt er das erste Eis am Stiel in der Hand. Die Limonade war zu Eis gefroren und hing als großer Klumpen am Löffel. Das geschah im Jahr 1923.

Dem Limonadenverkäufer war sofort klar, was für eine geniale Entdeckung er da in seiner Hand hielt. Er verkaufte das Patent an eine Firma, die das Eis am Stiel erfolgreich auf den amerikanischen Markt brachte.

Inzwischen kann man Eis am Stiel fast überall auf der Welt kaufen – und das machen Kinder und Erwachsene mit großer Begeisterung! Allein in Deutschland wurden zum Beispiel im Jahr 1997 628 Millionen Portionen Eis am Stiel gelutscht.

Welcher Park ist der älteste Vergnügungspark der Welt?

a) Seit über 400 Jahren quengeln Kinder aus Kopenhagen: »Bakken« – und wünschen sich damit einen Besuch im gleichnamigen ältesten Vergnügungspark der Welt.

b) 1802 eröffnete Arne Duplosen den Abenteuerspielplatz Legoland. Die Kinder konnten dort mit einem Steckbausystem aus Holz Hütten bauen. Die Bausteine wurden weltberühmt.

c) Im 17. Jahrhundert wurden schwer erziehbare französische Kinder auf eine einsame Insel im Atlantik gebracht. Sie sollten sich dort selbst versorgen und den Ernst des Lebens kennenlernen. Stattdessen erbauten sie aus eigener Kraft den heute noch existierenden Vergnügungspark »Ile des Jeux«.

Als ältester Vergnügungspark der Welt gilt der »Bakken Klampenborg« bei Kopenhagen in Dänemark.

Im Jahr 1583 entdeckte man im königlichen Tiergarten in Klampenborg eine Quelle mit Heilwasser. Bald schon sprachen sich die Wunderkräfte dieses Wassers herum und zogen zahlreiche Besucher an. Mit den vielen Menschen kamen auch Gaukler, Musikanten und Schauspieler. Süßigkeitenhändler verkauften Zuckerstangen und es wurde das erste Karussell aufgebaut. Nach und nach entwickelte sich der Tierpark zum ersten Vergnügungspark für das Volk, und das ist er bis heute geblieben.

Sicherlich gibt es im 21. Jahrhundert andere Fahrgeschäfte als vor 400 Jahren. 150 verschiedene Attraktionen bietet der Park mittlerweile seinen kleinen Gästen, unter anderem eine Wildwasserbahn. Die 30 m hohe Holzachterbahn von 1932 ist inzwischen eine Antiquität.

Mit 250 Millionen Besuchern im Jahr gehört der älteste Vergnügungspark auch zu den zehn meistbesuchten der Welt.

Wer backte die erste Pizza?

a) Die Pizza kommt gar nicht aus Italien, sondern wurde von spanischen Seefahrern im 14. Jahrhundert erfunden. Auf langen, stürmischen Überfahrten erwies sich diese Speise als sehr praktisch, denn alle verfügbaren Zutaten mussten nur auf den Teig gelegt und in den Ofen geschoben werden. So sparte man Töpfe, Teller und Besteck.

b) Ein italienischer Bäckergeselle schüttete aus Versehen Salz statt Zucker in eine riesige Schüssel Hefeteig. Damit vernichtete er die gesamte Tagesration. Aus Angst vor seinem Meister versuchte er den Teig zu retten. Spontan formte er Fladen und legte drauf, was er passend fand: Käse, Tomaten und Salami.

c) Mehrere Jahrhunderte vor Christus backten die Etrusker Teigfladen auf heißen Steinen. Sie wurden als essbare Teller benutzt, denn nach dem Backen belegten die Etrusker sie mit verschiedenen Lebensmitteln. Die Griechen kamen schließlich auf die Idee, den Fladen schon vor dem Backen zu belegen. So entstand die erste Pizza.

Angefangen hat die Geschichte der Pizza bei den Etruskern, die etwa 700–400 v. Chr. auf dem Gebiet des heutigen Norditalien lebten. Sie backten Teigfladen auf einem Stein in der Nähe ihres Feuers. Der Fladen wurde mit verschiedenen Lebensmitteln belegt und als essbarer Teller benutzt.

Die Griechen, die etwa zur gleichen Zeit im südlichen Teil des heutigen Italien lebten, kamen darauf, den Teigfladen nicht erst nach dem Backen zu belegen, sondern schon vorher. So entstand die erste Pizza. Viele Jahrhunderte lang war sie Hauptnahrungsmittel der armen Leute, denn die Zutaten waren billig und der Teig schnell hergestellt und gebacken.

Um 1830 war Pizza in Neapel äußerst begehrt. So wollte auch der italienische König Umberto I. mit Königin Margherita diese hoch gelobte Speise kennenlernen. Für die beiden kam es natürlich nicht infrage, mit dem niederen Volk zu essen. Also lieferte der Pizzabäcker Raffaele Esposito seine Pizza in den königlichen Speisesaal. Und um dem Königspaar seine Vaterlandsliebe zu zeigen, zauberte er eine Pizza in den italienischen Nationalfarben Rot, Weiß und Grün, indem er den Teig mit Tomaten, Mozzarella und frischem Basilikum belegte. Seitdem heißt diese Pizza: Pizza Margherita.

Wer hat das größte Gehirn?

a) In dem 6 m langen Kopf eines Pottwals hat ein großes Gehirn Platz. Es bringt bis zu 9,5 kg auf die Waage.

b) Die Galapagos-Riesenschildkröte hat zwar einen winzigen Kopf, aber trotzdem ein größeres Gehirn als alle anderen Lebewesen. Sie trägt das 25 kg schwere Organ nämlich gut geschützt unter ihrem Panzer.

c) 2,5 kg wiegt ein Rhinozeros-Hirn. Das ist nicht besonders viel, aber die riesigen Nashörner sind in ihrer Entwicklung immer noch nah an den Dinosauriern und haben deswegen vier Gehirne. Zusammengezählt macht das 10 kg Denkapparat.

Richtig ist Antwort a)

Ein ausgewachsenes Pottwalmännchen wird bis zu 20 m lang und 50 t schwer. Das sind 50 000 kg! Der Kopf des riesigen Meeressäugetieres misst ein Drittel der Gesamtgröße, also über 6 m. In diesem Quadratschädel findet man das größte Gehirn aller Lebewesen auf der Erde. Es wiegt stolze 9,5 kg.

Aber halt – so groß ist das gar nicht! Wenn man nämlich das Verhältnis der gesamten Körpermasse zur Gehirnmasse betrachtet, kommt der schwimmende Riese ziemlich schlecht weg. Ein Mensch denkt zum Beispiel mit einem durchschnittlich 1300 g schweren Hirn. Das sind etwa 2,1 % seines gesamten Körpers. Eine Maus hat mit 0,4 g Gewicht sogar 3,2 % im Köpfchen. Beim Pottwal hingegen machen Gewicht und Volumen des Gehirns nur 0,021 % seines gigantischen Körpers aus.

Offensichtlich reicht das aber, um schlau zu sein. Denn wie ihre nahen Verwandten, die Delfine, sind Pottwale sehr kluge Tiere.

Wie lang ist die längste frei schwebende Brücke?

a) Die Silver Slate Bridge überspannt den 2001 m breiten Hudson River. Kurz vor Bauende glaubte der Ingenieur John Foster einen verheerenden Rechenfehler entdeckt zu haben. Er fürchtete, die Brücke würde zusammenkrachen und er hätte damit Milliarden in den Sand gesetzt. Aus Verzweiflung nahm sich der Brückenbauer das Leben und sollte nie erfahren, dass er die längste Brücke der Welt konstruiert hatte, denn es gab gar keinen Rechenfehler.

b) Die längste Brücke der Welt entstand zufällig. Die Verbindung zwischen der Türkei und Asien wurde mit zwei Brücken geplant. Eine kleine Insel im Schwarzen Meer diente als Mittelstation. Bei einem Erdbeben versank diese Insel allerdings, doch die Brücke blieb wie durch ein Wunder stehen, bis heute, obwohl sie ganze 3012 m lang ist.

c) 1990,8 m lang ist die Akashi Kaikyo Brücke in Japan, damit täglich viele tausend Japaner zum Sushi-Essen auf die Nachbarinsel fahren können.

Richtig ist Antwort c)

Die Akashi Kaikyo Brücke verbindet seit 1998 zwei der japanischen Hauptinseln miteinander. Die längste stützenfreie Strecke der Brücke, das sogenannte Hauptfeld, überspannt 1990,8 m. Einen solchen Brückenschlag schafft bisher keine andere Brücke. Damit bei so langen Distanzen der Unterbau nicht zu dick wird, muss man die Brücke an Stahlseilen aufhängen. Die Stahlseile werden an hohen Stützen, den Pylonen, befestigt. Je höher diese Pylone sind, desto weiter kann man die Seile spannen. Theoretisch könnte so eine Hängekonstruktion bis zu 9 km überbrücken. Das wird allerdings teuer: Rund 5 Milliarden Euro für eine Hängebrücke muss man erst mal zusammensparen!

Als die eiffelturmhohen Pylone der Akashi Kaikyo Brücke gebaut wurden, kam es zu einem starken Erdbeben. Dabei sind ihre Fundamente um einen ganzen Meter auseinandergerutscht. Zum Glück konnte die Brücke trotzdem fertiggestellt werden.

Warum sagt man: »Da tanzt der Bär«?

a) Eisbären tanzen tatsächlich! Die Männchen versammeln sich im Frühjahr auf einer Eisscholle und bringen sie mit ihren Tanzbewegungen mächtig ins Schwanken. Wer sich am kühnsten und auffälligsten bewegt, wird von den Weibchen zum Herdenführer gekürt. Daher wird die Redensart zumeist bei besonders charmanten Männern verwendet.

b) Wo der Bär tanzt, da ist mächtig was los, so will es die Redensart. In Wirklichkeit ist es aber eine traurige Angelegenheit, wenn ein echter Bär tanzt. Das macht er nämlich nur, wenn er in Gefangenschaft zum Tanzen gezwungen wird, um Geld einzutreiben.

c) Bären können gar nicht tanzen, dazu sind sie viel zu schwer. Die Redensart kommt daher, weil Fred Sinclase, ein amerikanischer Tanzstar und wilder Partygänger, aufgrund seiner Statur »Tanzbär« genannt wurde. Und wo er tanzte, war tatsächlich immer was los.

Wenn auf einem Fest »der Bär tanzt«, heißt das, dass es sich um ein tolles Fest handelt, auf dem richtig was los ist.

In der Natur dagegen wurde noch nie ein tanzender Bär beobachtet. Dennoch gibt es sie, allerdings nur in Gefangenschaft. In einigen Ländern bringen heute noch tanzende Bären ihren Besitzern einiges Geld ein, wenn sie auf Jahrmärkten tanzen. Eines ist sicher: Diese Tanzbären haben kein schönes Leben hinter sich und wohl auch keines in Aussicht. Denn sie tanzen nicht freiwillig, ganz im Gegenteil: Damit sich ein Bär zur Musik bewegt, wird er bereits im Babyalter furchtbar gequält, indem er mit den bloßen Tatzen auf ein heißes Blech gestellt wird. Natürlich hebt der Bär dann panisch eine Tatze nach der anderen. Dazu spielt der Bärenhalter Musik. Diese Foltermethode wird so oft wiederholt, bis der Bär tanzt, sobald er Musik hört.

Wer also irgendwo mal einen Bären tanzen sieht, kann sicher sein, dass diese Vorführung eher ein trauriges Ereignis ist und nichts, aber auch wirklich überhaupt nichts mit einer tollen Party zu tun hat, auf der richtig gute Stimmung herrscht.

Wer war der Erfinder der Cornflakes?

a) Der Arzt John Harvey Kelloggs wollte eigentlich nur ein Gericht finden, das besser für die Verdauung seiner Patienten war. Er experimentierte zunächst mit gekochten, dann mit getrockneten Weizenflocken. Sein Bruder William fügte dann noch Zucker hinzu – und fertig waren die Cornflakes.

b) An einem heißen Julitag veranstaltete ein Altersheim in Florida ein Sommerfest. Für diejenigen, die nur Schonkost zu sich nehmen durften, stand ein Topf mit gekochten Weizen- und Maisflocken bereit. Doch der wurde ignoriert. Der Brei trocknete aus – und verwandelte sich so in die ersten Cornflakes der Welt. Am Tag der Party noch verschmäht, war er am nächsten Morgen der Hit!

c) Miriam Kelloggs hatte 13 Katzen. Das Fressen für die Haustiere kochte sie jeden Morgen selbst. Unter ihnen gab es auch Feinschmecker, die nicht alles fraßen. Für sie probierte Miriam oft Neues aus. So kam sie Schritt für Schritt auf das Rezept der Cornflakes, die das Leibgericht ihrer Feinschmeckerkatzen wurden.

Die beliebten Getreideflocken wurden im Jahre 1894 von den Brüdern John und William Kelloggs erfunden. Dabei ging es ihnen gar nicht um den Knusperspaß, sondern nur um die Verdauung ihrer Patienten.

John Harvey Kelloggs arbeitete nämlich als Arzt in einer Kurklinik und war auf der Suche nach einem gesunden Frühstück als Alternative zum Brot.

Gemeinsam mit seinem Bruder William entdeckte er eines Morgens eine stehen gelassene Schüssel mit gekochten Weizenflocken. Das brachte die beiden auf eine Idee. Sie tüftelten ein wenig herum – und fertig waren die lederartigen, gebackenen Weizenflocken namens »Granola«.

Sie sollten den Kurgästen ihre Diät schmackhafter machen. William wollte die Erfindung allerdings im größeren Stil auf den Markt bringen und fügte gegen den Willen seines Bruders Rohrzucker zu den bis dahin zwar gesunden, aber nicht sehr schmackhaften Flocken hinzu. Die Nachfrage explodierte und William ließ sich nicht mehr aufhalten. 1906 gliederte er das Geschäft mit den Frühstücksflocken in eine eigene Firma aus, die spätere Kellogg Company. Die Brüder konnten sich nie mehr einigen – im Gegenteil: Sie führten einen jahrelangen Rechtsstreit gegeneinander.

Wie lautet der häufigste deutsche Nachname?

a) Kaum zu glauben, aber wahr: Der häufigste deutsche Name ist zugleich der häufigste chinesische Nachname. Denn da im Mittelalter unzählige Deutsche nach China auswanderten, besitzen auch heute noch ungefähr 2 Millionen Chinesen die deutsche Staatsbürgerschaft. Davon tragen etwas mehr als die Hälfte den Namen »Chan«.

b) Von 28 Millionen erfassten Telefonbesitzern in Deutschland hören 285 003 auf den Namen Müller. Wenn man die Familienmitglieder ohne eigenen Telefonanschluss noch dazuzählt, sind es rund 700 000.

c) 1,3 Millionen Deutsche werden zukünftig Schmit heißen, sobald die neueste Rechtschreibreform in Kraft getreten ist. Die Namen Schmidt, Schmid, Schmitt und Schmit werden nämlich der Einfachheit halber zusammengefasst.

Richtig ist Antwort b)

Als im Mittelalter die meisten Menschen noch auf dem Land oder in kleinen Städten wohnten, waren Nachnamen eine Seltenheit. Doch dann wuchsen die Städte. Im Jahr 1200 lebten in Köln zum Beispiel schon um die 15 000 Bürger. Da war es ganz schön schwierig, unter den vielen Johanns und Heinrichs den Richtigen zu finden! Ein zweiter Name konnte Abhilfe schaffen. Zuerst war es üblich, den Namen des Vaters zum Taufnamen hinzuzufügen: Hans, Sohn von Peter. Daraus wurde Hans Petersohn, kurz: Hans Petersen.

In Island macht man das heute noch so.

Auch der Herkunftsort oder persönliche Eigenheiten, wie zum Beispiel »lang« oder »schön«, konnten Beinamen werden. Und dann wurde natürlich auch der Beruf verwendet, um festzulegen, um was für einen Menschen es sich handelt. Wilhelm der Müller zum Beispiel wurde kurz Wilhelm Müller genannt.

Heute gibt es in Deutschland etwa 900 000 verschiedene Familiennamen. Der häufigste von allen ist Müller (9,5 %), vor Schmidt und Schneider. Tja, damals wurde eben mehr gemahlen als geschmiedet und geschneidert.

Wer erfand die Rollschuhe?

a) Rollschuhe kamen nur einige Monate nach der Einweihung des Frankfurter Flughafens (1949) auf den Markt. Der Grund: Die Wege, die man dort zurücklegen musste, waren viel zu lang. Thomas Sollborn, ein Kopilot, hatte die Nase voll vom vielen Laufen und bastelte sich eines Abends Rollen unter seine Schuhe. Am nächsten Tag war er der Star auf dem Gelände.

b) Als im Jahr 1760 der Winter vorüber war, war der Belgier Joseph Merlin traurig über das Ende der Schlittschuhsaison. Also montierte er unter seine Schlittschuhe kurzerhand ein paar Räder, fertig waren die ersten Rollschuhe.

c) Die Idee der Rollschuhe ist uralt. Schon im antiken Theater in Griechenland trugen viele Nebenschauspieler Rollen unter den Sandalen. Die griechischen Tragödien waren nämlich äußerst lang und durch die rollenden Schuhe verschwendeten die Schauspieler bei ihren Auf- und Abtritten nicht so viel Zeit.

Richtig ist Antwort b)

Der Belgier Joseph Merlin liebte es, im Winter Schlitt-
schuh zu fahren. Im Sommer dagegen vermisste er seinen
Lieblingssport. Da kam ihm eines Sommertages eine Idee:
Er montierte unter jeden Schuh jeweils zwei kleine Metall-
Rädchen hintereinander an die Kufen! Das war im Jahre
1760.

Als er damit auf einem Maskenball am Londoner Kö-
nigshof erschien, staunten die Gäste nicht schlecht. Geige
spielend rollte er in den Saal! Nur leider hatte Joseph eine
wichtige Sache vergessen: die Bremsen! So rauschte er in
einen großen Spiegel, der mit lautem Getöse zerbrach ...

Die einspurige Variante, also die Modelle, bei denen
die Räder in einer Reihe am Schuh befestigt sind (»Inline-
skates«) geriet dann für lange Zeit in Vergessenheit. Ein
New Yorker namens James Leonard Plimpton entwickelte
Schuhe mit vier Holzrädern, zwei vorn und zwei hinten.
Diese Rollschuhe wurden so beliebt, dass für den neuen
Freizeitsport sogar extra Hallen und Tanzsäle gebaut wurden. Das war auch nötig, denn die Straßen waren ja damals nicht asphaltiert und auf
Schotter oder Kopfsteinpflaster
macht es bekanntlich nicht
sehr viel Spaß, Rollschuh zu
fahren.

Ungefähr 200 Jahre nach
der Geburt der Rollschuhe,
also im Jahr 1960, wurde die
Inline-Idee wieder aufge-
nommen.

Wie heißt der kleinste menschliche Muskel?

a) Unser kleinster Muskel ist der Harnröhrenschließmuskel. Hätten wir ihn nicht, würden wir uns ständig in die Hose machen. Der 7–8 mm lange Ringmuskel hält das Pipi in der Blase.

b) Die Milchzähne fallen nicht von alleine raus, sie werden von 0,5 mm großen Wackelzahnmuskeln gelockert. So wird die Zahnfee nie arbeitslos.

c) Wenn es uns zu laut wird, greift der 7 mm lange Steigbügelmuskel im Mittelohr ein. Er dämpft den Lärm, indem er die Knöchelchen festhält, die den Schall übertragen.

Richtig ist Antwort c)

Der Steigbügelmuskel ist mit 7 mm Länge der kleinste von rund 650 Muskeln im menschlichen Körper. Bei lautem Krach erhält er vom Gesichtsnerv das Kommando: Steigbügel festhalten!

Hammer, Amboss und Steigbügel heißen die kleinen Knöchelchen im Mittelohr. Sie übertragen den Schall vom Trommelfell zum Innenohr, von wo aus er zum Gehirn weitergesendet wird. Der Steigbügelmuskel kann den Steigbügel festhalten, indem er sich zusammenzieht.

Die Schwingung wird dadurch gestört und das Geräusch gedämpft.

Man teilt die Muskeln übrigens in zwei Gruppen: einmal die »Quergestreiften«, die von uns beliebig gesteuert werden können. Dazu gehört zum Beispiel der stärkste Muskel, der Kaumuskel. Und dann die »Glatten«, zu denen auch der Steigbügelmuskel gehört. Diese lassen sich nicht bewusst kontrollieren und bewegen sich ganz von selbst. Am häufigsten tut dies der Augenmuskel, der sich ca. 100 000-mal in 24 Stunden zusammenzieht.

Welches Lebewesen wohnt am tiefsten Punkt der Erde?

a) An der tiefsten Stelle der Erde wohnt ein Schwein. Sein druckfester Eisenstall wird durch Schläuche mit Sauerstoff und Futter versorgt und geputzt. Amerikanische Forscher beobachten das »Tiefsee-Schwein« seit Anfang 2003, um Erkenntnisse über das Leben in anderen Atmosphären zu gewinnen.

b) Der japanische Tauchroboter Kaiko brachte 2002 eine klitzekleine Probe vom tiefsten Punkt des Pazifischen Ozeans an Land. Unter dem Mikroskop konnte man entdecken, dass dort einzellige Kammerlinge aus der Familie der Wurzelfüßer leben.

c) Sagenhafte Meeresungeheuer gibt es nicht nur im Film. An der Pazifikküste wurde 1899 eine tote Riesenkrake mit 38 m langen Armen gefunden. Die gigantischen Oktopusse sind in ca. 11 km Tiefe zu Hause und damit die am tiefsten Punkt lebenden Lebewesen.

Bis vor Kurzem dachte man noch, dass ein Leben 10 km unter dem Meeresspiegel nicht mehr möglich sei. Seitdem Roboter entwickelt wurden, die so weit tauchen können, weiß man es allerdings besser.

Der Bereich von 6000 m Tiefe abwärts heißt »Hadal«, von der altgriechischen Bezeichnung »Hades« für die Unterwelt. Hier ist es stockfinster und es herrscht ein enormer Druck durch die darüberliegende Wassermenge. Je tiefer es wird, desto seltsamer und seltener werden die Hadalbewohner. Fast alles Essbare haben schon die Kollegen der oberen Meeresstockwerke verspeist. Wer unten haust, muss für eine Mahlzeit in die Trickkiste greifen. So lockt der Anglerfisch mit einer durch Bakterien beleuchteten Angel seine Opfer an.

Im Keller, also im Meeresboden, leben nur noch die Kammerlinge, das sind winzige röhrenförmige Einzeller. Sie leben an der tiefsten Stelle des Pazifiks im Marianengraben, 10896 m unter dem Meeresspiegel – dem tiefsten Punkt der Erde.

Wer hat die Pommes erfunden?

a) Die sechs Teilnehmer einer Wüstenkarawane betrachteten bei 55 °C ihre letzte Speise: eine Kartoffel. Sie hatten sich verlaufen und standen kurz vor dem Hungertod. Da sie Freunde waren, teilten sie die Kartoffel in sechs gleich große Stücke. Die warfen sie in einen kochend heißen Wüsten-Ölsee. Frisch gestärkt von den ersten Pommes der Welt erreichten sie einen Tag später lebend ihr Ziel. Das war 1731.

b) In Deutschland gab es mal einen König namens Fritz (sein Spitzname lautete: Friedrich der Große). Er war berühmt für seine Kochkünste. Am liebsten erfand er neue Gerichte. So auch am 6. April 1743, als er Kartoffelschnitzelchen in heißes Öl warf. Das war ein voller Erfolg und das neue Nationalgericht wurde »Pommes Fritz« genannt.

c) Die Belgier liebten frittierten Fisch. Doch in einem bitterkalten Winter waren die Seen so zugefroren, dass sie ihre Fische nicht angeln konnten. Da schnitt ein einfallsreicher Gastwirt Kartoffeln in kleine Fischformen und schmiss sie ins Öl. Damit erfand er die Pommes frites.

Richtig ist Antwort c)

Es soll um das Jahr 1680 herum in Belgien gewesen sein. Ein harter Winter lag über dem Land und ließ alles zu Eis erstarren. Die Seen und sogar die Flüsse waren zugefroren und so kamen die Belgier nicht mehr an ihre Leibspeise heran: kleine, fingerlange Fischchen, die sie am liebsten aßen, wenn sie in Öl gebacken waren, denn dann waren sie herrlich knusprig. Missmutig saßen die Belgier in den Wirtshäusern und ihre Mägen knurrten …

… bis schließlich einem Gastwirt die rettende Idee kam: Er holte Kartoffeln aus dem Keller, schälte sie und schnitt sie in dicke Streifen, sodass sie eine ähnliche Form wie die kleinen, beliebten Fischchen hatten. Dann frittierte er die Kartoffelstäbchen – wie vorher die Fischchen – in heißem Öl und servierte sie seinen Gästen. Das war ein voller Erfolg! Den Leuten schmeckten die frittierten Kartoffeln sogar noch besser als die Fische.

Übrigens: Kartoffeln heißen in Belgien »pommes de terre« (Erdäpfel). Daher nannten die Belgier die frittierten Kartoffeln »pommes frites« (gebratene Erdäpfel).

Wo findet man die älteste Malerei?

a) Während eines Unwetters wurde 2001 eine kleine bemalte Glasscherbe an die Küste Sardiniens gespült. Bei der Analyse dieser Scherbe machten Wissenschaftler eine sensationelle Entdeckung: Das Fundstück ist mehr als 20 000 Jahre alt und stammt wahrscheinlich aus einem Kirchenfenster der versunkenen Stadt Atlantis.

b) Manche Dinosaurierarten waren auf einer höheren Entwicklungsstufe, als bisher angenommen. Auf den über 100 000 Jahre alten Schädelknochen einiger Skelette wurden Ornamente und Verzierungen entdeckt. Vermutlich handelt es sich dabei um eine Art Totenkult, den die affenähnlichen Dinosaurier selber betrieben.

c) Als älteste Malerei der Welt gilt ein ca. 30 000 Jahre altes Bruchstück eines Steingewölbes in Frankreich. Darauf ist nicht viel mehr zu sehen als ein Pferdebauch.

Richtig ist Antwort c)

Zwei senkrechte Striche und ein flaches U – eigentlich ist auf der vermutlich ältesten Malerei der Welt nicht viel zu sehen. Trotzdem kann man sofort erahnen, dass der Künstler vor etwa 30 000 Jahren ein Pferd gemalt hat. Das Fragment, so nennt man Bruchstücke eines Kunstwerks, wurde in einem Felsüberhang in Frankreich gefunden.

In der Nähe befinden sich auch andere berühmte, aber etwas jüngere Höhlenmalereien. Wunderschön und gut erhalten sind zum Beispiel die Jagdszenen und Tierdarstellungen in den Höhlen von Lascaux.

Noch immer rätseln Forscher, zu welchem Zweck die Steinzeitmenschen diese Bilder gemalt haben. Manche sind nämlich so tief im Berg versteckt und liegen an so unzugänglichen Stellen, dass sie außer dem Künstler selber und den neugierigen Höhlenforschern unserer Zeit wohl nie jemand gesehen hat.

Wer hat die Fischstäbchen erfunden?

a) Die Engländer wollten unbedingt, dass ihre Kinder mehr Fisch aßen. Aber die mochten die Haut und die Gräten nicht. Also kam eine Tiefkühlkost-Firma auf die Idee, Fische so herzurichten, dass sie garantiert nicht mehr nach Fisch aussahen. Heraus kamen die Fischstäbchen.

b) In den britischen Gefängnissen gab es immer nur Fisch, denn den gab es auf der Insel im Übermaß. Als sich am 3. Oktober 1973 die Insassen darüber beschwerten, beschloss die Gefängnisleitung, den Fisch weiterhin zu servieren, ihn aber unkenntlich zu machen. Also wurden die Fischstäbchen erfunden. Die Rechnung ging allerdings nicht auf: Es kam noch am gleichen Tag zur größten Gefängnisrevolte Englands.

c) Fischstäbchen sind gar keine Erfindung. Es sind Süßwasser-Gebirgsfische aus Japan. Durch die Kälte legte sich der Fisch im Laufe der Evolution den schmackhaften »Mantel« zu. Und die für einen Fisch ungewöhnlich eckige Form hat er vermutlich, weil die japanische Unterwasserwelt entsprechend eckige und kantige Nischen als Nist- und Ruheplätze bietet.

Die Fischstäbchen wurden 1955 in England erfunden. Die Engländer wollten nämlich gerne, dass ihre Kinder mehr Fisch aßen, denn Fisch galt als besonders gesund. Da gab es nur ein großes Problem: Die meisten Kinder ekelten sich vor der Fischhaut und vor allem vor den Gräten. In der Tiefkühlkost-Firma »Birds Eye« kam man schließlich auf einen glorreichen Gedanken: Wenn der Fisch nicht nach Fisch aussähe, würden ihn die Kinder vielleicht essen.

Also entgräteten sie die Fische vollständig und pressten das Fleisch in eine Stäbchenform. Diese Stäbchen umhüllten sie mit einem Teig – und fertig waren die Fischstäbchen. Es war wirklich gar nichts Fischähnliches mehr an ihnen zu erkennen und es gab weder Haut noch Gräten.

Die Engländer haben tatsächlich ihr Ziel erreicht: Ihre Kinder aßen Fisch! Heute gehören die Fischstäbchen bei vielen Kindern rund um den Globus zu den Lieblingsspeisen.

Wo befindet sich die längste Treppe der Welt?

a) Natürlich ist die längste Treppe der Welt im höchsten Haus der Welt! Vom Keller bis zum Speicher der Petrona Twin Towers in Kuala Lumpur muss man 2884 Treppenstufen steigen. Gut, dass es auch einen Aufzug gibt!

b) Die Standseilbahn eines Berges im Berner Oberland (Schweiz) führt zum 1642 m hoch liegenden Gipfel. Wenn die Bahn mal nicht funktioniert, kann man den ganzen Weg auch auf den Stufen der längsten Treppe der Welt zurücklegen.

c) Die Himmelstreppe von Galileo Galilei ist seit fast 500 Jahren die längste Treppe der Welt. Der italienische Astronom hatte das 6,2 km lange Stufenbauwerk errichten lassen, um von möglichst weit oben die Sterne beobachten zu können.

Die Flucht- und Wartungstreppe der Niesen-Standseil-
bahn in der Schweiz gilt als die längste Treppe der Welt.
Im Gegensatz zu einer normalen Seilbahn, bei der die
Fahrgastkabine an einem starken Seil hängt, steht die
Kabine der Standseilbahn auf einem Gleis und wird von
einem Seil, das zwischen den Gleisen liegt, hochgezogen.
An diesen Gleisen entlang liegt die Treppe, damit man die
Strecke kontrollieren kann. Zusätzlich dient sie als Flucht-
weg für den Notfall. 11674 Stufen führen so von der Tal-
station zum Gipfel des Niesen.

Wer anstelle der 28-minütigen Bahnfahrt oder einer
5-stündigen Wanderung lieber Treppen steigen möchte,
kann dies nur an einem einzigen Tag im Jahr tun. Seit der
Eröffnung der Bahn im Jahr 1990 gibt es den sogenannten
»Niesen-Treppenlauf«. Bei diesem Wettrennen sind gute
Oberschenkelmuskeln gefragt. Der Re-
kord liegt bisher bei gut 52 Minuten.

Vor 150 Jahren, als es weder Seilbahn noch Treppe gab, konnten sich
die wohlhabenden Gipfelstürmer
für 32 Franken einen Sessel mie-
ten, der von vier starken Männern den ganzen Berg hin-
aufgetragen wurde.

Welches ist die älteste Mumie der Welt?

a) Die älteste bisher gefundene Mumie ist das Lieblings-nilpferd des ägyptischen Pharao Tut an Imun. Das an einem vergoldeten Apfel erstickte Tier wurde 2450 v. Chr. einbalsamiert und diente dann im Schlafzimmer seines Besitzers als Kleiderablage.

b) Die Chinchorro, ein peruanischer Volksstamm, stellten ihre Verstorbenen in den Wüstensand, um sie anzubeten. Dies vermutet man, weil die meisten ihrer Mumien be-schädigte Füße haben. Die älteste von ihnen ist 7050 Jahre alt.

c) 1974 fanden Torfstecher im schottischen Hochmoor die mumifizierten Leichen zweier Kinder. Wissenschaftliche Untersuchungen haben ergeben, dass sich die beiden Ge-schwister vor 5400 Jahren beim Pilzesuchen verirrten und erfroren.

Richtig ist Antwort b)

Eine Leiche zerfällt innerhalb von 25 Jahren zu Staub. Wenn diese Zersetzung nicht stattfindet, nennt man den Leichnam »Mumie«. Eine Mumifizierung kann durch extreme Temperaturen eintreten. Ein Beispiel ist Ötzi, der vor 5300 Jahren im Eis festfror. Auch säurehaltiges Moorwasser kann die Zersetzung stoppen: Es gibt Moorleichen, die viele Hundert Jahre alt sind.

Tote können aber auch auf künstliche Weise mumifiziert werden, wie zum Beispiel bei den alten Ägyptern. Sie trockneten ihre Leichen mit Pökelsalz. Vorher mussten sie die Toten völlig entleeren. Dann wurden sie mit Kräutern ausgestopft und in Leinen gewickelt.

Aber schon 2000 Jahre zuvor hatten die Chinchorro, ein Volk im heutigen Südamerika, eine ähnliche Methode entwickelt. Statt in Stoff packten sie ihre Toten nach dem Trocknen in Ton. Sie malten sie an und stellten sie – vermutlich, um sie zu ehren – im Wüstensand auf. Das nimmt man an, weil ihre Füße beschädigt sind. Bei Ausgrabungen entdeckten Archäologen 280 Mumien. Die älteste von ihnen, ein Kind, ist 7050 Jahre alt!

Wer erfand die Brille?

a) Astrid Lindgren war eine begnadete Schriftstellerin. Durch das viele Lesen bekam sie schlechte Augen und fragte einen befreundeten Arzt um Rat. Der schliff aus einem Weinglas zwei kleine Lupen, verband diese mit einem dünnen Draht und schenkte sie Lindgren. »Bril« ist schwedisch und heißt auf Deutsch »Geschenk«.

b) Der erste Schritt zur Brille kam von den Mönchen im Mittelalter. Sie legten einen gewölbten und durchsichtigen Stein auf ihre Schriften. Dieser Stein wirkte wie eine Lupe: Er vergrößerte die Schrift und erleichterte dadurch das Lesen. Erste geschliffene Gläser folgten dann im 13. Jahrhundert aus Venedig (Italien).

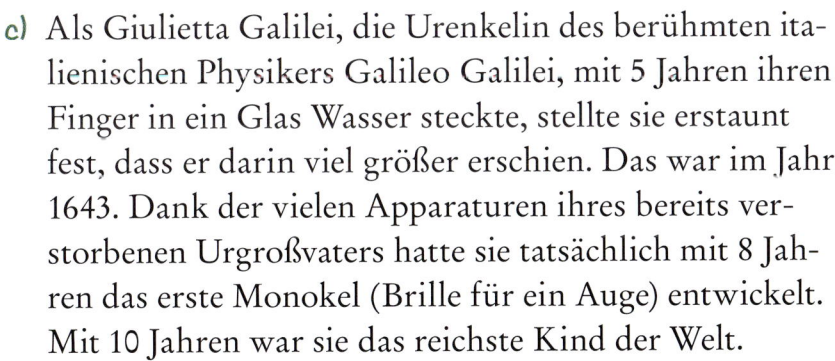

c) Als Giulietta Galilei, die Urenkelin des berühmten italienischen Physikers Galileo Galilei, mit 5 Jahren ihren Finger in ein Glas Wasser steckte, stellte sie erstaunt fest, dass er darin viel größer erschien. Das war im Jahr 1643. Dank der vielen Apparaturen ihres bereits verstorbenen Urgroßvaters hatte sie tatsächlich mit 8 Jahren das erste Monokel (Brille für ein Auge) entwickelt. Mit 10 Jahren war sie das reichste Kind der Welt.

Richtig ist Antwort b)

Ein Brief des Staatsmannes Cicero an einen Freund zeigt: Die Römer hatten noch keine Brillen. In dem Brief steht nämlich geschrieben, er müsse sich jetzt im Alter, da er selbst nicht mehr lesen könne, alles von Sklaven vorlesen lassen.

Die Mönche im Mittelalter hatten es da nicht so gut. Sie mussten viel lesen und schreiben. Wer Probleme mit den Augen hatte, musste sich etwas einfallen lassen – und das taten sie dann auch: Sie entwickelten den sogenannten Lesestein. Dieser bestand aus Bergkristall oder Halbedelsteinen und hatte auf der einen Seite eine ebene und auf der anderen eine gebogene Fläche. Dieser Stein wurde nicht vor das Auge gehalten, sondern mit der ebenen Fläche auf die Texte gelegt. Dadurch vergrößerte er die Schrift wie eine Lupe.

Die Bezeichnung »Brille« geht wahrscheinlich auf den Namen des Halbedelsteins zurück, den die Mönche meistens verwendet haben, den »Beryll«. Wer einen solchen Lesestein besaß, galt im Mittelalter als besonders gescheit und gelehrt.

Die Glasbläser in Venedig stellten die ersten geschliffenen Gläser her. Zuerst waren sie nur für ein Auge gedacht und wurden »Bril« genannt. Gegen Ende des 13. Jahrhunderts kam man auf die Idee, zwei geschliffene Gläser mit Holz oder Horn zu umranden. Die Brille war erfunden. Ab dem 16. Jahrhundert setzte dann die Massenproduktion ein.

Wer kam auf die Idee des Blitzableiters?

a) Ein experimentierfreudiger Amerikaner ließ 1752 während eines Gewitters einen Drachen steigen, um die Elektrizität eines Blitzes nachzuweisen. Als das Experiment gelang, war klar: Ein Blitz muss direkt in den Boden geleitet werden, dann schadet er niemandem.

b) Im antiken Griechenland glaubte man, dass Blitz und Donner eine Zornesbotschaft der Götter seien. Ein Staatsmann kam daher auf die Idee, an die Häuser seiner Bürger spitze Stangen zu montieren. Dadurch hoffte er, die Götter einzuschüchtern und ihren Zorn vom Volk abzuwenden. Er ahnte nicht, dass er damit eine lebensrettende Erfindung gemacht hatte.

c) Der Blitzableiter wurde 1975 zufällig entdeckt, als ein Bauarbeiter während eines Gewitters auf einem Baugerüst stand. Der Blitz schlug in das Gerüst ein und wurde direkt in den Boden geleitet. So blieben der Arbeiter und das Haus unversehrt. Der clevere Mann hatte sofort verstanden, was er da erlebt hatte, experimentierte noch einige Monate mit Blitz und Metallstangen und entwickelte den Blitzableiter.

Richtig ist Antwort a)

Der Amerikaner Benjamin Franklin war ein Allround-Genie. Neugierig und erfinderisch, wie er war, ließ er 1752 während eines Gewitters einen Drachen steigen. Ans Ende der feuchten Drachenschnur hängte er einen Metallschlüssel. Wenn es blitzte und der Schlüssel in die Nähe der Erde kam, sprühten Funken. Für Franklin war das der Beweis, dass es sich beim Blitz um eine elektrische Entladung handelt.

Dieses Experiment brachte Franklin auf die Idee, eine hohe Metallstange an Häusern zu befestigen. Der Blitz wurde dann an der Stange entlang auf direktem Weg in die Erde hinuntergeleitet. Dadurch blieben die Gebäude unbeschädigt.

Franklin hatte Glück, dass er bei seinen Experimenten nicht getötet wurde, denn die Stromstärke von Blitzen beträgt bis zu 100 000 Ampere bei Spannungen von mehreren Millionen Volt. Beim Einschlag entstehen Temperaturen von bis zu 30 000 °C.

Blitzableiter waren übrigens im 18. Jahrhundert ein umstrittenes Thema. Die Kirche nannte sie »Ketzerstangen«, weil sich die Menschen, die einen Blitzableiter an ihrem Haus hatten, angeblich dem Gericht Gottes entzogen. Da sich Blitze allerdings immer den höchsten Punkt suchen, hätten sich die Kirchenmänner auch fragen können, warum sich der göttliche Zorn meistens über Kirchtürmen entlud ...

Woher kommen die Bumerangs?

a) Bumerangs waren bei den australischen Ureinwohnern, den Aborigines, praktische Jagdwaffen. Falls sie die Beute nicht erwischten, kam die Waffe wieder zurück. Der älteste bisher gefundene Bumerang ist ungefähr 10 000 Jahre alt.

b) Ein kleiner Junge aus Russland fand ein gebogenes Brett und entdeckte zufällig, dass es immer wieder zurückkam, wenn er es warf. Stolz zeigte er es seinem Vater, der daraufhin sofort jede Menge Bume- rangs schnitzte und erfolg-  reich als Spielzeug verkaufte. »Bumerang« ist russisch und heißt auf Deutsch: »Glücksbrett«.

c) Schon die Affen in Südamerika und Afrika benutzten gebogene Äste als Wurfgeschosse. Sie konnten sich damit die Bananenstauden vom Baum holen, ohne danach lange das wertvolle Geschoss suchen zu müssen. Denn es kehrte ja wieder zurück. Die Menschen haben es den Affen nachgemacht.

Bumerangs wurden früher als Wurfwaffen verwendet. Das war besonders praktisch, denn falls der Jäger die Beute nicht erwischte, kam die Waffe von selbst wieder zurückgeflogen. Auf diese Weise haben Jäger in vielen Teilen der Erde ihre Familien ernähren können, vor allem in Australien. Von da kommt auch der Name: »Woomera« bedeutet in der Sprache der Aborigines »Wurfbrett« oder »Wurfwaffe«. Der älteste Bumerang wurde in Australien gefunden. Er ist ungefähr 10 000 Jahre alt.

Die heutigen Bumerangs sehen völlig anders aus als die damaligen Jagdwaffen und sind in erster Linie Sportgeräte.

Wenn du einen Bumerang wirfst, versetzt du ihn in eine Vorwärts- und in eine Drehbewegung. Der obere Flügel hat eine höhere Geschwindigkeit als der untere. Daher kippt der Bumerang von rechts nach links bzw. bei Linkshändern umgekehrt. Auf diese Weise wird er in eine Kreisbahn gezogen – und kehrt zurück.

Warum feiern wir Fasching?

a) Ursprünglich feierten die Menschen im Februar ein Frühlingsfest, um den Winter zu vertreiben. Mit den Christen verwandelte sich die Feier in ein großes Ess- und Trinkgelage, denn man nutzte die Tage vor der Fastenzeit, um noch einmal richtig zuzulangen.

b) Am 11. 11. 1374 wurde ein Hofnarr in Köln zum Tode verurteilt, weil er Essen aus der Fürstenküche gestohlen hatte. Im Gefängnis munterte er alle Mitgefangenen mit seinen Späßen so auf, dass es sich überall herumsprach. Mitte Februar kam er wieder frei. Ihm zu Ehren feiern wir seither am Fasching ein Narrenfest.

c) Zur Faschingszeit gedenken wir des griechischen Theaterautors Aristophanes. Er soll bei einer Aufführung nackt auf die Bühne gesprungen sein und gerufen haben: »Ich bin jetzt euer Chef, der da ist viel zu zugeknöpft!« Dabei zeigte er auf den eigentlichen Volksführer, den keiner mehr akzeptierte. Daraufhin entbrannte ein tosendes Fest.

Richtig ist Antwort a)

Einmal im Jahr steht die Welt Kopf, und das schon seit Jahrhunderten. Bereits vor dem Christentum feierten die Menschen im Februar laute Frühlingsfeste, um den Winter zu vertreiben.

Die Christen übernahmen diese Feier, allerdings nicht, um den Winter loszuwerden, sondern um vor der Fastenzeit noch einmal ausgiebig zu essen und zu trinken. Fasten bedeutet nämlich, sich sechs Wochen lang, also von Aschermittwoch bis Karfreitag, mit der Nahrung stark einzuschränken.

Die Namen »Fastnacht« oder »Fasching« entstanden aus »vastschanc«. Das bedeutete im Mittelalter »Ausschank vor Fastenbeginn«. Und »Karneval« kommt aus dem lateinischen »Carnelevale« und bedeutet Fleischentzug oder scherzhaft ausgedrückt »carne vale«: »Fleisch lebe wohl«.

Die großen Fressgelage vor der Fastenzeit waren auch aus rein praktischen Gründen notwendig, denn die Vorräte, die in den folgenden sechs Wochen nicht gegessen werden durften, mussten schließlich weg.

Warum drücken wir uns gegenseitig die Daumen?

a) Der Aberglaube kommt aus einer Zeit, als es noch keine Maschinen gab. Der Daumen als der kräftigste und somit wichtigste Finger wurde Glücks- oder Gottesfinger genannt. Wer ihn mit den anderen Fingern umschloss, also »drückte«, glaubte, sich vor allem Übel zu schützen.

b) Das Daumendrücken soll helfen, an denjenigen zu denken, der gerade in einer Prüfung sitzt. Wissenschaftler haben festgestellt, dass Gedankenenergie tatsächlich in Form von Schallwellen übertragen wird.

c) Die Geste des Daumendrückens stammt aus der Steinzeit. Als die Menschen sich noch mit den blanken Händen verteidigten, war der Daumen die gefährlichste Waffe. Den Daumen mit den anderen Fingern zu umschließen, war ein Zeichen des Friedens. Diese positive Geste verwandelte sich in die uns bekannte Glücksbringer-Geste.

Wenn du jemandem die Daumen drückst, willst du ihm für ein bestimmtes Vorhaben Glück wünschen. Aber wie kann dein gequetschter Daumen einem anderen Menschen, der weit weg vor einer Prüfungsaufgabe schwitzt, helfen? Da handelt es sich wohl um einen Aberglauben, denn das funktioniert sicher nicht.

Doch woher kommt dieser Glaube? Der Daumen ist der dickste und stärkste Finger, den wir haben. Früher, als es noch keine Maschinen gab und alles noch mit den Händen angefertigt wurde, war er der wichtigste Finger. Auf einen der anderen hätte man notfalls verzichten können, doch ohne Daumen war es nicht möglich, ein Schwert oder Werkzeug zu halten. Daher galt er als Glücksfinger oder sogar als Gottesfinger. Es gab hohe Strafen, wenn bei einem Kampf der Daumen verletzt wurde. Im Volksglauben umschloss man den Daumen mit den anderen Fingern, um sich vor allem Möglichen zu schützen. Heute beschützt man damit nicht mehr sich selber, sondern eben den Freund in einer Prüfung.

Wie wurde das Papiergeld erfunden?

a) In China gab es vor dem Papiergeld sehr schwere Eisenmünzen. Wer einen größeren Einkauf tätigen wollte, hatte ganz schön zu schleppen. Also kam man auf die Idee, Quittungen auszustellen, auf denen stand, wie viele Münzen der Käufer besaß. So musste er nur noch die Quittung und nicht mehr die Münzen herumschleppen.

b) Früher gab es viele verschiedene Zahlungsmittel, zumeist Dinge, die selten waren. Auf den Philippinen war das Papier. Zunächst war das Gewicht ausschlaggebend für den Wert, doch im 12. Jahrhundert wurden Zahlen auf die Bögen gemalt. Diese Methode verbreitete sich schnell und erfolgreich.

c) Im Mittelalter gab es unter den Männern ein beliebtes Würfelspiel. Dabei ging es um Geld. Um sich jederzeit zu einem Spielchen niederlassen zu können, fertigten die Spieler kleine Wertscheine aus Papier an, denn nicht immer hatten sie genügend Münzen dabei. Diese Scheine gelten als die ersten Geldscheine der Welt.

Richtig ist Antwort a)

Bevor es Münzen und Geldscheine gab, hatte jede Region auf der Welt ihr eigenes Zahlungsmittel. Zumeist waren es Dinge, die in dieser Region selten oder beliebt waren. In Äthiopien zahlte man z. B. mit Salz und in Tibet mit Tee. Auch Silber, Gold, Eisen und andere Metalle wurden als Zahlungsmittel verwendet. Daraus entstanden die Münzen. So wurde zum Beispiel im 10. Jahrhundert in China mit Eisenmünzen bezahlt. Wer etwas Wertvolleres kaufen wollte, hatte ganz schön zu schleppen, denn die Münzen waren schwer.

Da kam man auf die Idee, das unhandliche »Geld« sicher zu deponieren, z. B. im Keller eines Kaufmanns, denn Banken gab es zu dieser Zeit noch nicht. Der Kaufmann schrieb dem Besitzer dann eine Quittung. Auf der stand, wie viele Münzen er für ihn in seinem Keller aufbewahrte. Mit dieser Quittung konnte der Besitzer dann einkaufen gehen. Denn sie war wie eine Bestätigung, dass er tatsächlich so viel Geld besaß, nur eben nicht in der Hosentasche. Diese chinesischen Quittungen gelten als die ersten Geldscheine der Welt.

Der größte Geldschein, den es jemals gab, kam übrigens auch aus China. Er war 22,8 cm breit und 33 cm lang, also größer als eine DIN-A4-Seite.

Warum schickt man am 1. April jemanden in den April?

a) Der Aprilscherz stammt aus dem Mittelalter und ist ziemlich makaber. Immer am 1. April wurden die zu Tode Verurteilten den Herrschern vorgeführt. Die machten sich einen Spaß daraus, die armen Schlucker auf unterschiedliche Weise zu veräppeln. Diejenigen, die den »Scherz« durchschauten, wurden freigelassen. Daraus entwickelte sich im Laufe der Jahrhunderte der eher harmlose Aprilscherz.

b) Am 1. April 1951 behaupteten die Minister von Bundeskanzler Adenauer, dass der russische Außenminister spontan zu Besuch kommen würde. Adenauer soll gerufen haben: »Was sitzt ihr hier rum! Lasst uns einen Kuchen backen!« Und er backte ihn höchstpersönlich, doch gegessen haben ihn seine Minister, denn der Besuch hatte abgesagt. Seither gibt es den Aprilscherz.

c) Die Tradition, jemanden am 1. April in den April zu schicken, gibt es schon sehr lange. Allerdings gibt es verschiedene Theorien über die Herkunft und man weiß bis heute nicht, welche die richtige ist.

Richtig ist Antwort c)

Bestimmt hast auch du schon mal jemanden in den April geschickt oder wurdest selber Opfer eines Aprilscherzes. Zum Ursprung dieses Schabernacks gibt es mehrere Theorien:

1. Variante: 1564 führte der französische König Karl IX. eine Kalenderreform durch, bei welcher der Jahresanfang vom 1. April auf den 1. Januar verlegt wurde. Menschen, die aus Unwissenheit am 1. April Neujahr feierten, wurden verspottet.

2. Variante: In Augsburg sollte am 1. April 1530 Ordnung ins Münzwesen gebracht werden. Aus Zeitmangel fand dies allerdings nicht statt. Viele Spekulanten verloren ihr Geld und wurden noch dazu ausgelacht.

3. Variante: Am 1. April soll eine junge Dame König Heinrich IV. um ein Rendezvous in ein Schlösschen gebeten haben. Der König wurde allerdings nicht von der reizenden Dame, sondern vom gesamten Hofstaat einschließlich seiner Gemahlin begrüßt.

4. Variante: Der Aprilnarr steht für den schwach gewordenen Winter, mit dem der stärker werdende Sommer tun kann, was er will.

Warum gibt es Teddybären?

a) Ein Bärenjäger aus dem 19. Jahrhundert stopfte all seine erlegten Bären aus und sammelte sie in einer Blockhütte. Als eines Tages ein Geschäftsmann mit seiner Familie in diese Hütte kam, waren die Kinder begeistert! Dank seines Geschäftssinns erkannte der Vater sofort die Chance und ließ die ersten Plüschbären der Welt anfertigen.

b) Der amerikanische Präsident Theodore Roosevelt – genannt »Teddy« – sollte ein Bärenjunges erlegen, doch das brachte er nicht übers Herz. Eine Zeitung zeigte diese Szene mit der Überschrift: »Teddy's Bear«. Dieses Bild machte den kleinen Bären zur Symbolfigur des Präsidenten und sofort wurde ein Plüschtier daraus gemacht.

c) Der Filmschauspieler Charlie Chaplin schlief in seinem Film »Goldrausch« als erwachsener Mann mit einem Stoffbären im Bett. Da Chaplin zu dieser Zeit der berühmteste Schauspieler der Welt war, kam zeitgleich zum Film auch der Stoffbär auf den Markt. Chaplin gab ihm selbst den Namen »Teddy«.

Alles begann im November 1902, als der amerikanische Präsident Theodore Roosevelt auf Bärenjagd ging.

Den Treibern gelang es allerdings nicht, einen großen Bären vor die Büchse des Präsidenten zu scheuchen. Da aber der Präsident nun einmal zu dieser Jagd eingeladen worden war, wollten die Gastgeber ihn nicht ohne eine Trophäe gehen lassen. Also banden sie einen kleinen Bären an ein Seil und riefen: »Ein Bär, ein Bär!« Roosevelt eilte herbei und sah das bedauernswerte »Opfer«.

An derart leichten Siegen fand der Präsident keinen Gefallen. Statt auf den Bären zu schießen, sagte er: »Wenn ich diesen kleinen Bären töte, könnte ich meinen Kindern nie wieder in die Augen sehen!«

Der Pressezeichner Barryman zeichnete diese Szene und veröffentlichte sie in der »Washington Post«. Da Roosevelt von seinen Freunden »Teddy« genannt wurde, lautete die Überschrift in der Zeitung »Teddy's Bear« – auf Deutsch: Teddys Bär.

Durch den Zeichner Barryman wurde der kleine Bär zur Symbolfigur des Präsidenten Roosevelt. Innerhalb nur eines Jahres verwandelte sich der gezeichnete Bär in ein Spielzeug für Kinder, den Teddybären.

Wie sah der erste Staubsauger aus?

a) Der erste Staubsauger wurde auf einem vierrädrigen Wagen von Pferden gezogen. Er war so groß, dass er nicht in die Häuser passte. Also wurde er davor abgestellt. Den Staub pumpte man mithilfe eines 240 m langen Schlauchs und einer Saugpumpe aus dem Haus nach draußen in einen großen Behälter.

b) Der erste Staubsauger der Welt war etwa so groß wie ein heutiger Föhn. Er wurde 1911 von einem Schweizer entwickelt. Mit einer Kurbel an der Seite konnte der Staub aus den Ecken in einen kleinen Behälter gepumpt werden.

c) Der erste Staubsauger ähnelte einem Dudelsack. Zunächst musste ein Blasebalg platt gedrückt werden, damit die Luft entwich. Sobald man losließ, saugte er geräuschvoll wieder Luft ein – und mit ihr auch den Schmutz. Nach jedem Vorgang musste der Balg geleert werden, sonst wäre der Schmutz mit dem nächsten Zusammendrücken wieder rausgewirbelt worden.

Der Engländer Hubert Cecil Booth saß eines Abends mit Freunden in einem Lokal und zeigte ihnen, wie man am besten lästigen Staub verschwinden lässt. Anstatt ihn hochzublasen, müsse man ihn einsaugen. Er legte sein Taschentuch auf die staubige Tischplatte, legte seinen Mund darauf und saugte. Zurück blieben ein sauberer Tisch, ein dreckiges Taschentuch und ein Hustenanfall. Er hatte also recht!

Das war nur der Anfang. Denn bald darauf baute Booth den ersten Staubsauger, eine sogenannte »Entstaubungspumpe«. Das war 1901. Diese Pumpe war ein wahres Ungetüm. Sie musste auf einem Wagen von Pferden gezogen werden. Die Saugpumpe wurde wahlweise von einem Benzinmotor oder elektrisch angetrieben. Der Wagen fuhr zu dem Haus des Kunden und der Staub und Schmutz aus der Wohnung wurde mit einem 240 m langen Schlauch direkt in einen Sammelbehälter nach draußen auf den Wagen gesaugt. Diese aufwendige Prozedur war ein teures Spektakel und daher nur für reiche Leute geeignet.

Als Booth bemerkte, wie fasziniert seine Kunden von seiner Erfindung waren, baute er Modelle mit durchsichtigen Rohren ein, damit man den Weg des geschluckten Staubes verfolgen konnte.

Warum schiebt man jemandem etwas »in die Schuhe«?

a) Am Nikolausabend kommt der Nikolaus und steckt den Kindern Geschenke in die Schuhe. Wenn man einem Menschen nachsagt, dass er »jemandem etwas in die Schuhe schiebt«, gilt er als ein sehr guter und lieber Mensch, fast so wie der Nikolaus.

b) Wenn man »jemandem etwas in die Schuhe schiebt«, möchte man ihm – entweder aus Rache oder aus Neid – etwas Böses tun. Der Ursprung dieser Redensart ist bei den alten Römern zu finden. Dort war es üblich, seinem Feind einen tödlichen Skorpion in die Schuhe zu stecken. Ein Biss genügte und man hatte einen Feind weniger.

c) Die Redensart bedeutet, seine eigene Schuld auf jemand anderen abzuladen. Als es früher noch viele umherziehende Menschen gab, boten Herbergen große Sammelschlafsäle an. Wenn in einem dieser Gasthäuser eine Polizeikontrolle stattfand, steckten Diebe ihr Diebesgut blitzschnell in fremde Schuhe. So wurde der Falsche beschuldigt und der Dieb konnte sich davonstehlen.

Richtig ist Antwort c)

Wer jemandem »etwas in die Schuhe schiebt«, will seine eigene Schuld auf jemand anderen abladen. Die Redewendung hat einen ganz konkreten Ursprung: Früher gab es viele fahrende Gesellen und Geschäftsleute ohne Zuhause, die ihre Ware oder Arbeitskraft überall dort anboten, wo sie gebraucht wurde.

Aus diesem Grund existierten viele Herbergen, in denen das sogenannte »fahrende Volk« für wenig Geld in großen Schlafräumen gemeinsam übernachten konnte.

Unter ihnen gab es natürlich auch Diebe. Um bei einer polizeilichen Durchsuchung nicht überführt zu werden, steckten diese kurzerhand ihr Diebesgut in fremde Schuhe, denn die standen ja überall herum. Auf diese Weise wurde nicht der eigentliche Dieb, sondern der Besitzer des Schuhs beschuldigt.

Wer erfand die Kartoffelchips?

a) Als einem Gast in einem amerikanischen Restaurant die Pommes frites zu grob geschnitten waren, schnippelte George Crum, der Koch, sie feiner. Das musste er mehrere Male wiederholen, denn der Gast blieb unzufrieden. Schließlich schnitt Crum die Kartoffeln aus Ärger so dünn, dass der Gast sie nicht mehr auf die Gabel spießen konnte. Die Kartoffelchips waren geboren.

b) Kartoffelchips gibt es schon lange. Sie waren – und sind es übrigens noch immer – ein traditionelles Gericht in den Bergen Nepals. Aus den Überlieferungen der Bergbauern weiß man, dass Kartoffelchips dort schon im 10. Jahrhundert zu Gemüse und Fleisch gegessen wurden.

c) Im 18. Jahrhundert legten sich die Damen rohe, dünn geschnittene Kartoffelscheiben auf die Augenlider, um der Fältchenbildung entgegenzuwirken. Besonders reiche Damen nahmen anschließend noch ein Ölbad. Eines Tages schüttete eine experimentierfreudige Angestellte die Kartoffeln in das Öl und erhitzte es. Obwohl ihre Herrin über das Zufallsprodukt äußerst entzückt war, schmiss sie die Arme raus.

Im Sommer 1853 war George Crum, ein Amerikaner mit indianischer Abstammung, als Koch in einem vornehmen Ferienhotel in New York beschäftigt. Auf der Speisekarte des Hotelrestaurants standen Pommes frites. Wie jeden Tag schnitt Crum also die Kartoffeln in dicke Stäbchen.

Doch plötzlich beschwerte sich ein Gast, die Pommes frites seien zu dick, und ließ seinen Teller zurückgehen. Crum machte eine neue Portion mit dünneren Stäbchen, doch auch diesmal war der Gast unzufrieden. Darüber war der Koch schließlich so verärgert, dass er sich an dem Gast rächen wollte. Crum schnitt die Kartoffeln derart dünn und frittierte sie so knusprig, dass der Gast sie nicht mehr mit der Gabel aufspießen konnte. Doch statt sich jetzt erst recht zu ärgern, war der Gast völlig begeistert über die gebräunten, hauchdünnen Kartoffelscheiben. Noch am selben Tag entpuppte sich das neue Gericht als Sensation, denn sofort wollten auch andere Gäste Crums Kartoffelchips haben.

Nach einiger Zeit eröffnete Crum sehr erfolgreich sein eigenes Restaurant. Seine Spezialität: Kartoffelchips.

Warum feiern wir Halloween?

a) Eine englische Königin, die im Mittelalter vier Jahrzehnte grausam über ihr Volk herrschte, hieß mit Vornamen »Weenley«. Als sie starb, feierte das Volk ein Freudenfest. Man erzählt sich, dass die Böse weder in den Himmel noch in die Hölle kam, denn selbst der Teufel wollte sie nicht. Halloween kommt von »Hallo Weenley«, was die Engländer jedes Jahr an ihrem Todestag laut durch die Gassen rufen, um ihren ruhelosen Geist zu ärgern.

b) Halloween ist ein uraltes Fest aus Irland. Dort feiert man schon seit 5000 Jahren am 31. Oktober das Ende des Sommers und den Anfang des Winters. Man glaubte daran, dass an diesem Abend die Geister aus ihren Gräbern steigen. Dieser gruselige Charakter des Festes hat sich bis heute gehalten.

c) Halloween kommt aus Amerika. Dort haben die Seefahrer im 16. Jahrhundert diesen Festtag zu Ehren der Götter eingeführt. Sie verkleideten sich als Geister, um den echten Geistern und Göttern zu zeigen, dass sie einer von ihnen seien. Dadurch erhofften sie sich, die Götter zu besänftigen und so größere Chancen auf erfolgreiche Seefahrten zu haben.

Richtig ist Antwort b)

Am Abend vor Allerheiligen gibt es den Brauch, dass Kinder als Gespenster verkleidet durch die Straßen laufen und Menschen erschrecken. Dieses Fest wurde schon vor 5000 Jahren in Irland gefeiert. Damals hieß es »Samhain«. Am 31. Oktober feierten die Menschen das Ende des Sommers und den Anfang der dunklen Jahreszeit. Man erzählte sich, dass speziell an diesem Abend die Geister der Verstorbenen zu Besuch in ihre ehemalige Heimat kamen. Die Menschen stellten Licht in ihre Fenster, um sie abzuschrecken, denn Geister scheuen ja bekanntlich das Licht. Aber da man die Geister auch nicht erzürnen wollte, stellte man ihnen Speisen und Getränke vor die Tür.

»Samhain« hat sich über die Jahrhunderte gehalten und wurde durch die Auswanderer aus Irland nach Amerika gebracht.

Heute glauben die Menschen nicht mehr an Gespenster. Und so feiert man in Irland, England und Amerika und inzwischen auch bei uns Halloween wie eine Art Gruselkarneval.

Übrigens: Die Christen haben ihr Allerheiligenfest direkt nach Samhain gelegt. Die Bezeichnung »Halloween« ist eine Abkürzung von »Hallow Evening«, was so viel heißt wie »Abend der Heiligen«.

Wie kam der Hotdog zu seinem Namen?

a) Die amerikanische Tierärztin Carry Flat eröffnete neben ihrer Tierpraxis einen medizinischen »Imbiss« für Tiere und verkaufte unter anderem heiße Würste an Hunde. Sie hatte nämlich herausgefunden, dass die Würste sich beruhigend auf den verstimmten Hundemagen auswirkten. Diese »Medizin« nannte sie »Hot for Dog«. Der Name wurde von Betreibern von Imbissbuden für Menschen übernommen und ein wenig gekürzt.

b) Ein Karikaturist aus England veröffentlichte in seiner Zeitung ein Bild, in dem er anstelle der Wurst einen länglichen Dackel zwischen zwei Brötchenhälften zeichnete. Die Überschrift lautete: »Hot Dog« (auf Deutsch: »heißer Hund«).

c) In den ärmeren Gebieten Südamerikas war es noch Mitte des letzten Jahrhunderts gebräuchlich, Hundefleisch zu essen. Vor allem auf Märkten wurde das heiße Fleisch zwischen zwei Brothälften verkauft.

»Hot Dog« ist englisch und heißt auf Deutsch »heißer Hund«. Was aber hat dieses längliche, weiße Brötchen – mit einer Wurst, Ketchup und Zwiebeln zwischen den Hälften – mit dem Tier zu tun? Ganz einfach:

Um 1900 kam der New Yorker Würstchenverkäufer Henry M. Stevens auf die Idee, die roten, heißen, fettigen Frankfurter Würstchen in längliche Brötchen zu packen. Er nannte sie »Red Hots«, denn sie waren »rot« (wohl eher rötlich) und »heiß«. Diese unkomplizierte, schnelle Zwischenmahlzeit wurde sehr beliebt. Während eines Polospiels beobachtete ein Karikaturist namens Tad einen Red-Hots-Verkäufer und zeichnete daraufhin eine Dackel, der in einem Brötchen steckte und dem Frankfurter Würstchen sehr ähnlich sah. Am nächsten Morgen war die Zeichnung in der Zeitung zu bewundern und sie trug den Titel: »Hot Dog«.

Wer entdeckte die Einzigartigkeit von Fingerabdrücken?

a) Ein britischer Beamter untersuchte 1877 die Linienmuster der Finger und stellte fest: Jeder Fingerabdruck ist tatsächlich einzigartig. Obwohl er seine Ergebnisse veröffentlichte, wurden sie nicht weiter beachtet, bis 1892 ein grausamer Mord passierte ...

b) Das Wissen um die Einzigartigkeit der Fingerlinien ist mindestens 2500 Jahre alt. Aus dem Jahre 500 v. Chr. existiert folgendes Zitat von einem unbekannten Ägypter: »Der Dieb hinterließ einen Daumenabdruck im noch feuchten Lehm und wurde sogleich gepackt.« Der Schurke hatte ein Pferd gestohlen und ihm wurde zur Strafe die Hand abgehackt.

c) Die Prinzessin von Wales wurde von vielen Männern besucht, die ihr abends unter dem Fenster Liebeslieder sangen. Von einem war sie hingerissen, doch er kam nur einmal. Ihr Vater, glücklich darüber, dass seine Tochter endlich ihr Herz vergeben wollte, ließ alle Gelehrten des Landes kommen, um diesen Mann zu finden. Einer entdeckte dann einen Fingerabdruck am Fensterbrett und konnte den Mann aufspüren.

Schon die alten Chinesen ließen sich Kaufverträge mit einem Handabdruck bestätigen; ebenso die Inder. Das fiel 1877 einem britischen Verwaltungsbeamten namens William Herschel auf. Er arbeitete in Kalkutta (Indien) und übernahm die dort gebräuchliche Identifizierung per Handabdruck, in dem er den Abdruck zur Erkennung von Personen bei der Auszahlung von Gehältern verwendete. Herschel beschäftigte sich näher mit den Linienmustern der Hand und fand heraus, dass die Abdrücke bei jedem Menschen anders sind. Er veröffentlichte seine Ergebnisse sogar in Fachzeitschriften, wurde aber nicht weiter beachtet.

Dann geschah 1892 in dem kleinen Küstenstädtchen Necochea in Argentinien ein grausamer Mord an zwei Kindern. Die Mutter beschuldigte den Patenonkel der beiden. Der wurde verhaftet, stritt jedoch alles ab. Daher begann die Polizei gründlich zu forschen und fand an einem Türstock den Abdruck eines blutigen Daumens. Der Türstock wurde ausgesägt, der Fingerabdruck gesichert und …

… es war der Daumenabdruck der Mutter. Sie brach zusammen und gestand. Die Kinder hätten der Heirat mit ihrem Geliebten im Wege gestanden, so ihre Erklärung.

Dies – so sagt man – war der erste Mordfall, der mithilfe eines Fingerabdrucks aufgeklärt wurde.

Warum sehen wir rot?

a) Rot ist die Farbe der Liebe! Wer verliebt ist, sieht die Welt durch eine rosarote Brille. Dadurch erscheint sie ihm viel schöner, glücklicher, roter. Wer also sagt: »Ich sehe rot«, teilt sein Verliebtsein mit.

b) Wenn jemand wütend wird, vermehren sich die roten Blutkörperchen – und zwar, weil bei Wut der Kreislauf mächtig in Gang kommt und die roten Blutkörperchen das Blut flüssiger machen. Versuch es selber: Wenn du deine Augen bei Wut schließt, wird dir auffallen, dass deine Augenlider feuerrot scheinen. Daher die Redensart.

c) Die Toreros in den spanischen Stierkampfarenen benutzen rote Tücher, um die Stiere wütend zu machen. Das gelingt ihnen auch in den meisten Fällen. Der Stier sieht also rot und wird wütend, daher die Redensart, die wir auf die menschliche Wut übertragen haben.

Um einen Menschen, der gerade »rotsieht«, sollte man am besten einen großen Bogen machen, denn diese Redensart bedeutet, dass er ziemlich wütend ist.

Der Ausdruck kommt wahrscheinlich vom spanischen Stierkampf, denn dort benutzen die Toreros rote Tücher, um die Stiere zu provozieren, damit sie wild und angriffslustig werden.

Wissenschaftler haben allerdings festgestellt, dass Stiere farbenblind sind. Es ist also völlig egal, mit was für einem Tuch der Torero in der spanischen Stierkampfarena den Stier reizt. Ob schwarz, blau, gelb oder rot – den Stier macht das Gefummel immer wütend, unabhängig von der Farbe. Da sich aber nun mal die Farbe Rot in der Tradition des Stierkampfes durchgesetzt hat, verbindet man mit dieser Farbe auch die sprichwörtliche Wut.

Wer erfand die Wegwerf-Windel?

a) Unter dem Weihnachtsbaum einer 12-köpfigen Familie lag ein Paket ohne Absender. Es war voll mit Einmal-Windeln, die keiner vorher gesehen hatte. Für die Mutter war es das schönste Geschenk ihres Lebens. Die Familie vermutete, dass das Paket von einem verschrobenen Erfinder-Onkel aus Holland kam. Aber sie fanden es nie heraus, da der Onkel am 2. Weihnachtsfeiertag verstarb.

b) Eine alte, blasenschwache Lady bekam in ihrem Altersheim regelmäßig Besuch von ihrer Enkelin und deren Baby. Da die Stoff-Windeln des Babys nicht besonders lange hielten, waren die drei ständig damit beschäftigt, das Kind trockenzulegen. Bis die alte Lady auf die Idee kam, ihre saugfähige Senioren-Windel für das Baby zurechtzuschneiden. Der Name der Urgroßmutter: Debbie Pamper.

c) Marion Donovan war Mutter und genervt von den ewig nassen Windeln. Sie schnitt aus ihrem Duschvorhang ein kleines Höschen, so blieb das Baby zumindest außen trocken. Um es nun auch noch innen trockenzulegen, experimentierte Donovan eine Weile mit gut saugendem Papier und entwickelte so die Wegwerf-Windel.

Richtig ist Antwort c)

Die Wegwerf-Windel wurde um das Jahr 1950 in Amerika erfunden. Und zwar von einer Frau namens Marion Donovan.

Als Marion Mutter wurde, wickelte sie ihre Kinder mit den damals noch gebräuchlichen Stoff-Windeln. Und das war eine recht aufwendige Prozedur, denn die Windeln mussten nach jedem Gebrauch gewaschen, getrocknet und gebügelt werden. Außerdem saugte der Stoff nicht besonders gut, sodass das Kind, kaum war es fertig gewickelt, bald schon wieder völlig durchnässt war.

Marion Donovan hatte im wahrsten Sinne des Wortes die Nase voll davon. Entschlossen schnitt sie aus ihrem Duschvorhang ein kleines Babyhöschen und zog es über die Windel. Jetzt war wenigstens die Kleidung geschützt. Nun wollte sie aber auch, dass das Kind im Trockenen lag. Also fing sie an, mit Papier zu experimentieren, und entwickelte so Schritt für Schritt die saugende Wegwerf-Windel.

Jahrelang versuchte sie Firmen von ihrer Idee zu begeistern, doch der Erfolg blieb aus. Erst Jahre später entdeckte der Firmenchef Victor Mills die Genialität dieser Idee. Er kaufte das Patent und 1961 eroberte seine erste Wegwerf-Windel den amerikanischen Markt. Ihr Name war Pampers. Der Begriff kommt aus dem Englischen: »to pamper« heißt auf Deutsch »verwöhnen«.

Wer hat »Dreck am Stecken«?

a) In einem Krimi ist der Dreck am Stecken (ein alter Ausdruck für Stock) ein klares Beweismittel, um ein Verbrechen aufzuklären, das unter freiem Himmel stattgefunden hat. Ein Verbrecher reinigt seine Schuhe, um nicht beschuldigt zu werden, aber seinen Stecken zu säubern vergisst er garantiert. »Dreck am Stecken« zu haben bedeutet also, in der Vergangenheit etwas Unrechtes getan zu haben, was es zu vertuschen gilt.

b) Wer »Dreck am Stecken« hat, befindet sich in finanziellen Nöten. »Stecken« ist in diesem Fall ein Schimpfwort für Konto und »Dreck« steht für die gähnende Leere, die es aufweist.

c) Um größer zu wirken, befestigten sich die Schauspieler des griechischen Theaters Stecken (ein anderes Wort für Stelzen) unter den Füßen. Wer eine große und lange Rolle hatte, beschmierte die Stelzen mit klebrigem Dreck, um besseren Halt zu haben. Daher die heutige Bedeutung der Redewendung: Diejenigen mit »Dreck am Stecken« gelten als die besseren Schauspieler.

Richtig ist Antwort a)

Wer sich bei nassem Wetter draußen aufhält, läuft Gefahr, sich Schuhe und Hosen zu beschmutzen. Doch das ist kein Problem, denn beides kann man wieder säubern. Das wäre vor allem dann wichtig, wenn draußen zu genau der gleichen Zeit ein Verbrechen stattgefunden hat. Wer saubere Schuhe vorweisen kann, wird nicht beschuldigt.

Wer aber draußen auch noch einen Spazierstock dabeihatte, gerät mit Sicherheit in Verdacht, denn den zu säubern vergisst fast jeder. Der Dreck am Stecken, so nannte man einen Stock früher, ist ein Indiz dafür, dass der Besitzer sich zumindest draußen aufgehalten hat – ob es sich dann auch um den Verbrecher handelt, ist eine Frage, welche die Polizei zu klären hat.

Wer also sprichwörtlich »Dreck am Stecken« hat, führt jetzt zwar ein sauberes Leben, hat aber in der Vergangenheit etwas Unrechtes getan.

Wie wurde der Kaugummi erfunden?

a) Den ersten Kaugummi entwickelten Astronauten 1987
in der russischen Raumstation »Mir«. Immer wenn ein
Astronaut ins Weltall flog, hatte er Probleme mit dem
Luftdruck. Man fand heraus, dass Kauen half, den Über-
druck in den Ohren auszugleichen.

b) Dem Australier Bob Chewing ging es bei der Erfindung des Kaugummis nicht um das Kauen, sondern um
das Blasenmachen. In seiner Autobiografie schrieb er:
»Ich blieb immer ein Kindskopf und heckte bis ins hohe
Alter Streiche aus – mein größter war die Erfindung des
Kaugummis. Ich wollte etwas Unsichtbares finden, dass
im Schulunterricht Lärm machte, und ich fand es!«

c) Schon die Griechen kauten Harz von den Bäumen. In
Amerika wurde dann der Geschmack durch allerlei Zutaten verfeinert und Mr. Wrigley schaffte es schließlich,
den Kaugummi unter das Volk zu bringen.

Richtig ist Antwort c)

Kaugummi kauen ist eine uralte Sache. Schon von den Griechen ist bekannt, dass sie in der Antike Harz von bestimmten Bäumen kauten. Und in Mexiko kaute man »Chicle«, einen milchigen Saft, der sich verdickt ideal zum Kauen eignete.

1870 begann der Amerikaner Thomas Adams mit dieser recht harten und geschmacklosen Kaumasse zu experimentieren. Er mischte Zucker, Vanillin, Pfefferminzöl und andere Öle dazu und verkaufte sie in Form von kleinen Bällchen.

Anscheinend war Adams aber kein besonders guter Geschäftsmann, denn es dauerte noch weitere 20 Jahre, bis ein anderer Mann den Kaugummi, wie wir ihn heute kennen, erfolgreich unter die Leute brachte: Mr William Wrigley. Er handelte ursprünglich mit Seife. Doch das Geschäft lief schlecht, also bot er seinen Kunden Backpulver als Zusatzgeschenk an. Und das funktionierte: Die Leute kauften seine Seife wegen des Backpulvers. So entschloss sich Wrigley, ins Backpulvergeschäft einzusteigen. Auch hier gab er den Käufern eine Gratis-Zugabe mit, nämlich zwei Päckchen Kaugummi. Und es passierte das Gleiche: Die Käufer waren mehr an dem Kaugummi interessiert als am Backpulver. Daraufhin stieg Wrigley ins Kaugummigeschäft ein. Und das mit großem Erfolg. Wrigleys Kaugummis sind auch heute noch weltweit zu kaufen.

Gibt es »treulose Tomaten«?

a) Tomaten übertragen schneller als andere Gemüsearten den eigenen Schimmel auf benachbartes Gemüse oder Obst. Daher sollte man Tomaten immer getrennt aufbewahren. Sie halten ihren Nachbarn sozusagen keine Treue. Daher sind »treulose Tomaten« Menschen, die andere beschmutzen, vor allem mit Worten.

b) Als »treulose Tomaten« werden unzuverlässige und treulose Menschen bezeichnet. Der Begriff »Tomate« in diesem Zusammenhang kommt daher, dass die Italiener im Ersten Weltkrieg einen Vertrag brachen, daher also als treulos galten. Und in Italien wurden riesige Mengen Tomaten verzehrt. »Tomaten« stand also ursprünglich für »Italiener«.

c) Neil Armstrong betrat als erster Mensch den Mond. Dort hisste er nicht nur eine Flagge, sondern pflanzte auch ein kleines Tomatenpflänzchen. Natürlich war von ihm beim nächsten Mondbesuch nichts mehr zu sehen. Seither wird jedes Gemüse, das nicht wachsen will, als »treulose Tomate« bezeichnet.

Richtig ist Antwort b)

Eine »treulose Tomate« ist nicht etwa eine Tomate, die zu schnell schimmelt, von alleine aus der Küche kullert oder ähnliche treulose Dinge tut. Nein, »treulose Tomaten« sind unzuverlässige Menschen.

Der Vergleich eines unsteten Zeitgenossen mit dem Gemüse stammt wahrscheinlich aus dem Ersten Weltkrieg. Und zwar handelt es sich bei der Redewendung um ein Schimpfwort für die Italiener. Diese hatten im Ersten Weltkrieg nämlich gegen Österreich gekämpft, um einige Grenzgebiete zu erobern. Dabei ignorierten sie allerdings einen 1886 geschlossenen Bund zwischen Deutschland, Österreich/Ungarn und Italien. So kam es, dass man den Italienern Treulosigkeit nachsagte. Und da schon damals in Italien große Mengen Tomaten angebaut und gegessen wurden, lag es auf der Hand, sie »treulose Tomaten« zu nennen.

Kämpften Sportler in der Antike nackt?

a) Nein. Die Arenen in der Antike waren bei Wettkämpfen immer völlig ausverkauft und keiner hätte sich getraut, nackt zu erscheinen, warum auch?!

b) Nein, natürlich nicht. Allerdings glaubte man das eine Zeit lang, denn bei Ausgrabungen wurden Vasen gefunden, die nackte Sportler während der olympischen Spiele zeigten. Mittlerweile weiß man allerdings, dass es sich bei den Zeichnungen lediglich um die Fantasie der Künstler handelte.

c) Ja, die Sportler in der Antike kämpften tatsächlich nackt. 720 v. Chr. verlor nämlich ein Läufer mitten im Wettkampf seinen Lendenschurz und gewann. Man nahm daraufhin an, dass die Sportler ohne Kleidung schneller und besser sind. Also traten sie zukünftig nackt an.

Richtig ist Antwort c)

Bei den 15. Olympischen Spielen im Jahre 720 v. Chr. soll tatsächlich Folgendes passiert sein: Der Läufer Orsippos von Megaron soll während des Wettlaufs seinen Lendenschurz verloren und gewonnen haben!

Alle waren sich einig: Megaron konnte sich ohne Kleidung freier und schneller bewegen und errang daher den Sieg. Also traten zukünftig die Sportler nackt zu den Wettbewerben an – außer den Reitern natürlich, denn bei ihnen war die Verletzungsgefahr zu groß.

Zudem diente das Nacktsporteln auch der Ästhetik. Der berühmte griechische Philosoph Aristoteles schrieb zum Beispiel, dass Nackte nicht so stark schwitzen müssten und zudem auch noch schön braun werden würden. Braune Haut war bei den Griechen damals ein Schönheitsideal.

Nun ist auch klar, warum auf alten griechischen Vasen die Sportler nackt dargestellt sind, zumindest meistens. Nur wenn die Griechen Vasen für schamhaftere Zeitgenossen herstellten, malten sie Lendenschurze.

Woher kommt der Ausdruck »blaumachen«?

a) Wer blaumacht, schwänzt die Schule. Manch einer erlebt dabei spannendere Dinge als im Klassenzimmer. Allerdings hat der Ausdruck einen weniger erfreulichen Ursprung: Schulschwänzer wurden früher nämlich so stark verprügelt, bis sie mit blauen Flecken geradezu übersät waren.

b) Die Färber im Mittelalter mussten ihre Stoffe an die Luft hängen, wenn sie diese blau färben wollten, denn nur durch eine chemische Reaktion des Färbemittels mit der Luft erlangten sie die gewünschte Blaufärbung. Das brauchte Zeit und die Wartezeit nannten sie »blau machen«.

c) »Blaumachen« und »blau sein« haben dieselbe Wurzel. Früher schwänzten die Fabrikarbeiter nämlich häufig ihre Arbeit und versoffen den letzten Lohn. Nicht selten kamen sie völlig »blau«, also betrunken, nach Hause. Heute reicht zum Blaumachen das Schuleschwänzen. Besaufen müssen sich die Schüler nicht – zum Glück!

Richtig ist Antwort b)

Wer »blaumacht«, sollte sich besser nicht erwischen lassen. Blaumachen ist nämlich ein anderer Ausdruck für »Schule schwänzen«. Doch was hat nun ein kleiner Ausflug, fern von den büffelnden Mitschülern und den nervigen Lehrern, mit der Farbe Blau zu tun?

Der Ausdruck kommt aus dem Mittelalter. In der Färberzunft wurden Stoffe mit natürlichen Farben gefärbt. Für jede Farbe musste man aus verschiedenen Zutaten unterschiedliche Mixturen zusammenstellen. Wenn die Färber einen Stoff blau färben wollten, wurde er in der eigens dafür hergestellten Tinktur zunächst einmal rot. Erst nachdem der Stoff eine Weile in der Luft hing, verwandelten sich die Farbpigmente in das gewünschte Blau. Das hat etwas mit der chemischen Reaktion der Farbstoffe in der Luft zu tun.

Die Färber hängten ihre Stoffe also nach dem Färben an die Luft und machten eine Pause. Sie machten »blau«, wie es so schön hieß. Tja, und das macht ihnen so mancher Schüler heute noch nach, nur dass dabei selten ein blauer Stoff herauskommt.

Gab es Dracula wirklich?

a) Graf Dracula gab es nicht nur, es gibt ihn noch bis zum
heutigen Tag, denn Vampire sind unsterblich. Dies ist
auch der Grund für die große Völkerwanderung Mitte
des 18. Jahrhunderts in Rumänien, denn alle flohen
aus Draculas Reich. Man nimmt an, dass er sich mittlerweile ausschließlich nur noch von Tierblut ernährt.

b) Graf Dracula gab es tatsächlich. Und zwar vor über
500 Jahren. Als vor 110 Jahren das Buch über den Vampir erschien, gruben Mediziner Leichen aus der Zeit aus
und untersuchten sie. Dabei fand man tatsächlich – vor-
zugsweise bei jungen Frauen – die typischen Bissspuren
am Hals und an den Schultern.

c) Es gab tatsächlich einen Herrscher, der den Beinamen
»Dracula« trug. Allerdings war er kein Vampir, sondern
»nur« ein blutrünstiger Fürst. Wahrscheinlich hat ihn
sich der Autor Bram Stoker als Vorbild für seinen Romanhelden »Dracula« genommen.

Vampire sind schaurige Gestalten! Tagsüber schlafen sie in Särgen, denn sobald sie mit Tageslicht in Berührung kommen, zerfallen sie zu Staub. Um Mitternacht steigen sie dann aus ihren Gräbern und gehen auf Jagd nach frischem Blut. Weiterhin heißt es, dass man sich Vampire mit Knoblauch vom Leib halten kann. Töten kann man sie, indem man ihnen einen spitzen Pfahl ins Herz rammt.

Dracula ist der berühmteste Vampir der Welt. Er wurde von dem irischen Schriftsteller Bram Stoker vor mehr als 110 Jahren erfunden.

Es gab allerdings vor über 500 Jahren tatsächlich einen Menschen, der als Vorbild für diesen Romanhelden gilt. Der war weder ein Vampir noch ein Graf, sondern ein grausamer Fürst in der Walachei im heutigen Rumänien.

Sein eigentlicher Name war Fürst Vlad III. Tepes. Seinen berühmten Beinamen »Dracula« verdankte er seinem Vater Vlad Dracul, der dem »Drachenorden« angehörte. »Dracula« heißt auf Rumänisch »kleiner Teufel«, der Name passte also bestens. Und »Tepes« ist die Mehrzahl von »Pfahl«. Diesen Namen trug Vlad sicher zu Recht, denn seine Gefangenen und Feinde ließ er auf lange Pfähle spießen, um sie zu töten.

Wo kommt die Schokolade her?

a) Vor über 3000 Jahren tranken schon die Indianer Schokolade. Die schmeckte zwar ganz anders als der Kakao, den wir heute kennen, aber eine wichtige Zutat ist geblieben: die Kakaobohne. Erst 1849 gab es neben dem Getränk auch die Tafel Schokolade. Und dank Lindts »Zartmach-Maschine« schmeckt sie seit 1879 auch richtig lecker.

b) Die Schokolade haben die südafrikanischen Bienen »erfunden«. Sie schwirren um die Kakaobohnenpflanzen wie andere Bienen um die Blumen. Und in ihren Nestern verwandelt sich der Blütenstaub eben nicht in Honig, sondern in sämige Schokolade. Seit 1952 wird die Schokolade allerdings vorwiegend industriell hergestellt.

c) Als 1899 der Schatz des verstorbenen Piraten Spoons gehoben wurde, fand man neben all dem Gold und Schmuck auch einen Sack mit Medikamenten. Darin war unter anderem eine Tafel Schokolade. »Nervennahrung« stand auf dem Papier, in dem sie eingewickelt war. Es dauerte zwei Monate, bis man die Zutaten herausfand und die »Medizin« auf den Markt brachte.

Richtig ist Antwort a)

Die ersten Menschen, die Kakao und Schokolade kannten, waren die Olmeken, ein Indianervolk, das vor über 3000 Jahren in Mittelamerika lebte. Die Mayas und die Azteken übernahmen das Rezept: Sie mischten die gerösteten und gemahlenen Kakaobohnen mit heißem oder kaltem Wasser. Und damit sich der schon damals begehrte Schaum oben bildete, wurde die Flüssigkeit immer wieder von einer Schale in die andere gegossen.

Das Getränk glich überhaupt nicht dem süßen Kakao, wie wir ihn heute kennen. Es war bitter und wurde mit Pfeffer oder Chilipulver, mit Vanille, Honig oder Rosenwasser gewürzt. Die Indianer nutzten den Kakao auch als Zahlungsmittel und zur Herstellung von Medikamenten.

Nach der Entdeckung Amerikas fand die Trinkschokolade ihren Weg nach Europa. Hier wurde sie lange Zeit nur als Medizin verkauft – gegen Fieber und Bauchweh. Schließlich war das Getränk auch ziemlich bitter. Erst als Rohrzucker dazugemischt wurde, verwandelte sich die bittere Medizin in ein beliebtes Genussmittel.

Nach vielen Experimenten und Erfindungen gab es 1849 in Birmingham die erste feste Tafel Schokolade. Dank Rudolphe Lindt ist sie ab 1879 richtig lecker geworden. Er baute eine Maschine namens »Conche«, welche die Schokoladenmasse stundenlang schlägt und dadurch zart macht.

Geld stinkt nicht – oder doch?

a) Angeblich soll ein Kaiser im 1. Jahrhundert n. Chr. von seinem Volk Geld für die öffentlichen Toiletten kassiert haben. Sein Sohn beschwerte sich darüber. Da hielt ihm der Kaiser die Einnahmen unter die Nase und fragte: »Und? Stinkt es?« Der Sohn verneinte und die Redensart war geboren.

b) Früher gab es unterschiedliche Zahlungsmittel: Salz, Muscheln, Edelsteine, Felle ... und natürlich wurden auch Nahrungsmittel zum Tausch angeboten. Die wurden aber nur akzeptiert, wenn sie noch nicht stanken, denn das hätte bedeutet, dass sie verdorben waren. So entstand die Redensart: »Geld stinkt nicht.«

c) Kaiser Nero war so stinkreich, dass er sich mit Geld angeblich den Po abwischte. Als er sich eines Tages einen neuen Mantel kaufen wollte, soll der Schneider beim Geruch der Geldscheine gerufen haben: »Pfui, das stinkt! Das nehme ich nicht an.« Seither wird oft bei einem Kauf betont, dass Geld nicht stinkt.

Richtig ist Antwort a)

Die Redensart »Geld stinkt nicht« wird vor allem dann benutzt, wenn die Quelle des Geldes nicht ganz klar ist. Eigentlich will man damit nur ausdrücken: Geld ist Geld, ganz egal, woher es kommt. Dazu gibt es folgende Geschichte:

Der römische Kaiser Vespasian herrschte von 69 bis 79 n. Chr. Er soll eine rigorose Sparpolitik eingeführt haben, weil die Staatskassen leer waren. Unter anderem führte er Eintrittsgelder für die öffentlichen Bedürfnisanstalten ein. Heute ist das fast überall üblich, damals aber kannte man die Zahlpflicht für die Verrichtung der Notdurft noch nicht. So beschwerte sich sein Sohn Titus darüber. Doch Vespasian soll ihm die Geldeinnahmen unter die Nase gehalten und gefragt haben: »Und? Stinkt das Geld?« Titus musste natürlich verneinen.

Warum machen wir jemanden »zur Schnecke«?

a) Wer »zur Schnecke gemacht« wurde, hat ganz schön viel Kritik oder heftige Anschnauzer abbekommen und wünscht sich daher ein gemütliches Schneckenhaus herbei, in das er sich verkriechen kann.

b) Schnecken hinterlassen auf ihrem Weg eine Schleimspur, denn ihr ganzer Körper ist von einer Schleimschicht umhüllt. Menschen, die sich anderen gegenüber untertänig anbiedern, indem sie übertrieben schmeicheln, werden umgangssprachlich »Schleimer« genannt. Man sagt auch: »Er – also der Schleimer – macht sich zur Schnecke.«

c) Bei Menschen, die schrecklich langsam, also im Schneckentempo, durchs Leben gehen, ganz egal in welcher Beziehung, verwendet man gerne den Ausdruck: »Er/Sie macht sich zur Schnecke!«

Richtig ist Antwort a)

»Jemanden zur Schnecke machen« bedeutet, ihn heftig an-
zuschnauzen und übel zu kritisieren. Und zwar so stark,
dass derjenige sich am liebsten verkriechen möchte wie
eine Schnecke in ihrem Schneckenhaus. Manche Menschen
verkriechen sich sogar den größten Teil ihres Lebens, weil
sie kontaktscheu sind.

Für eine Schnecke allerdings ist das Schneckenhaus
geradezu lebensnotwendig. Ein schneller Rückzug bei
Gefahr in das Gehäuse ist oft die letzte Rettung. Das
Schneckenhaus bietet der Schnecke auch Schutz vor dem
Austrocknen des empfindlichen Schneckenkörpers. Und
im Winter hält die Kalkschale natürlich warm.

Weitere Titel für Quiz- und Rätselfans:

F. Wilhelmi / R. Vogt
Warum schmeckt
das Meer nach Salz?
Ab 8 Jahre / 160 Seiten
€ 9,95

ISBN 978-3-7607-1554-4

ISBN 978-3-7607-4872-6

ISBN 978-3-7607-4873-3

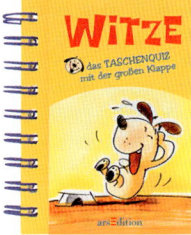

ISBN 978-3-7607-4874-0

ISBN 978-3-7607-4875-7

ISBN 978-3-7607-4938-9

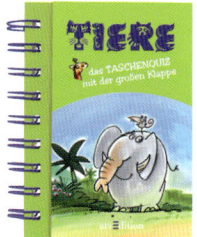

ISBN 978-3-7607-4939-6

ISBN 978-3-7607-1684-8

ISBN 978-3-7607-1685-5

Jedes Quiz:
K. Kappler / R. Vogt /
R. Libera
Ab 8 Jahre / 96 Seiten
€ 4,95